L'assiette végétarienne gourmande

YVON TREMBLAY

L'assiette *végétarienne* gourmande

TRÉCARRÉ

Index : Diane Baril
Révision : Nathalie Guillet et Claire Morasse
Conception graphique et mises en pages : Cyclone design communication inc.

Nous reconnaissons l'aide financière du gouvernement du Canada par l'entremise du Programme d'aide au développement de l'industrie de l'édition (PADIÉ) pour nos activités d'édition; du Conseil des Arts du Canada; de la SODEC; du gouvernement du Québec par l'entremise du Programme de crédit d'impôt pour l'édition de livres (gestion SODEC).

ISBN 2-89568-161-9

Dépôt légal 2003
Bibliothèque nationale du Québec

Imprimé au Canada

Éditions du Trécarré, division de Éditions Quebecor Média inc.
7, chemin Bates
Outremont (Québec) Canada
H4V 4V7

1 2 3 4 5 07 06 05 04 03

TABLE DES MATIÈRES

Dédicace et remerciements

Je dédie ce livre, de tout mon cœur, à Denise.

À ma mère Noéma et à mon père Tancrède, de qui j'ai hérité
la passion de la cuisine et le souci de prendre soin de mes invités
et qui ont su élever une famille de neuf enfants tout en étant
traiteurs à Chibougamau pendant plus de quarante ans.

À mon frère Laurent, qui a pris la relève et qui, aujourd'hui,
continue le service de traiteur à Chibougamau
sous le nom des Banquets Tremblay.

Bonne santé et bon appétit !

Yvon Tremblay

Avant-propos

Selon la définition classique, le marketing est au confluent de l'art et de la science. Il exige un sens aigu de la prémonition puisqu'il tente de mettre au jour nos besoins, tant actuels que futurs. Ainsi, les chefs cuisiniers et les experts en alimentation gardent les yeux bien ouverts sur les tendances qui se développent et l'évolution du comportement des consommateurs. Leur tâche s'apparente à celle des chefs d'entreprise qui se doivent d'adapter leurs produits à une clientèle en constante mutation.

La conjoncture actuelle du domaine de l'alimentation, tant au plan de la cuisine régionale qu'à celui de la cuisine internationale, est en pleine effervescence. Ainsi sommes-nous conviés à déguster des mets issus de produits jusqu'alors inconnus. Nous assistons à la naissance de nouveaux produits qui sont offerts sur les tablettes de nos épiceries et nous hésitons souvent à les acheter faute de savoir comment les apprêter.

La variété des aliments qui nous est désormais accessible saurait rendre jaloux des peuples entiers qui ne réussissent pas à manger un simple repas par jour…

Pour peu que l'on accepte de consacrer un peu de notre temps à la confection de quelques plats simples et nourrissants, il nous est dorénavant permis d'avoir une alimentation variée dont nous tirerons les plus grands bénéfices.

Ce petit guide s'adresse non seulement aux végétariens, mais à tous ceux qui souhaitent améliorer leur santé et celle de leurs proches en servant quotidiennement à leur table une cuisine saine et savoureuse. Pour tout dire : ce livre s'adresse à tout le monde.

Le présent ouvrage est la suite logique de mes livres précédents : *La magie du tofu,* aux Éditions Stanké, *Découvrir le tofu soyeux* et *Découvrir la cuisine indienne,* aux Éditions du Trécarré.

Je vous invite, en terminant, à méditer les propos d'un célèbre cuisinier et gastronome français :

« La destinée des nations dépend de la manière dont elles se nourrissent. »

Brillat-Savarin 1755-1826

Mon garde-manger santé

LES NOIX
- amandes
- avelines (noisettes)
- noix de cajou
- noix de Grenoble·
- noix du Brésil
- pacanes
- pignons
- pistaches

LES GRAINES
- citrouille
- lin
- sésame
- tournesol

LES CÉRÉALES
- amarante
- avoine
- blé
- bulgur
- épeautre
- kamut
- maïs
- millet
- orge
- quinoa
- riz basmati
- riz brun
- riz sauvage
- sarrasin
- seigle

LES PÂTES
- blé
- épeautre
- kamut
- légumes
- riz
- sarrasin (soba)

LES LÉGUMINEUSES
- (sèches ou en boîte)
- adzuki
- cannellini
- flageolets
- gourganes (fava)
- fèves de soya et
- de centaines d'autres variétés
- haricot de Lima
- haricot rouge
- haricot mung
- haricot noir
- haricot pinto
- haricot romain
- lentilles variées
- pois cassés
- pois chiches

LES LÉGUMES
- ail
- aubergine
- avocat
- bette à carde
- bok choy
- brocoli
- carotte
- céleri
- champignon
- chou
- chou de Bruxelles
- chou-fleur
- chou frisé
- concombre
- courge
- courgette
- échalote
- épinard
- fenouil
- gingembre
- oignon
- oignon rouge
- panais
- patate sucrée
- persil

L'assiette végétarienne gourmande

poireau
poivron
pomme de terre
rabiole
radis
rapini
rutabaga
tomate
légumes surgelés

LES LAITUES
aragula
Boston
chicorée
chou vert frisé
cresson
endive
iceberg
mâche
romaine
scarole

LES FRUITS
abricot
ananas
banane
bleuet
cerise
citron
fraise
framboise
kiwi
lime
mangue
melon
nectarine
orange
pêche
pamplemousse
poire
pomme
fruits surgelés

LES HERBES FRAÎCHES
basilic
cerfeuil
ciboulette
coriandre
fenouil
menthe
origan
sarriette
sauge
thym

LES POUSSES GERMÉES
brocoli
cresson
fenugrec
haricot de soya
haricot mungo
lentilles…
luzerne
moutarde
pois mange-tout
radis
tournesol

LES ÉPICES ET HERBES SÉCHÉES
cannelle
cardamome
caroube en poudre
cinq-épices
clou de girofle
coriandre moulue
cumin moulu
curcuma
curry en poudre
feuille de laurier
muscade
piment chili mexicain
piment de Cayenne
safran

LES PAINS (TRÈS GRANDE VARIÉTÉ)
- aux céréales
- blé
- levain
- pita
- sarrasin

AUTRES :
- algue agar-agar
- algue dulce (petit géomon)
- algue hijiki
- algue nori
- beurre bio
- beurre clarifié (ghee)
- beurre de pomme
- beurre de sésame (tahini)
- bicarbonate de soude
- câpre
- chapelure
- chutney indien
- chutney mexicain
- chutney thaïlandais
- farine de gluten
- huile d'arachide
- huile de carthame
- huile de maïs
- huile de sésame rôti
- huile de soya
- huile de tournesol
- huile d'olive
- ketchup
- lait de riz
- lait de soya
- fromage
- fromage de soya
- jus de fruits
- jus de légumes
- levure chimique sans alun
- mayonnaise de soya
- miel
- miso
- moutarde à l'ancienne
- œuf bio
- pâte de tomate
- pâte de prunes umeboshi
- sauce aux piments de chili
- sauce soya
- sauce tamari
- sauce teriyaki
- sauce thaïlandaise
- sel de légumes
- sel de mer
- sirop d'érable
- substitut d'œuf
- sucre brun
- tofu soyeux (mou)
- vinaigre balsamique
- vinaigre de cidre
- vinaigre de vin blanc
- vinaigre de vin rouge
- vinaigre umeboshi
- yogourt bio

- Quand vous cuisinez, vous pouvez faire le double de la recette et congeler le surplus.

- Dans les recettes vous pouvez utilisez les légumes, les céréales et les légumineuses au choix. Utilisez ce que vous avez sous la main, soyez créatif.

Le lait de soya

L e lait de soya peut être préparé à la maison bien qu'il soit de plus en plus facile de s'en procurer sur le marché. Appelé « vache sans os » en Chine, le haricot de soya est à la base d'une multitude de sous-produits, et il serait impossible d'en vanter tous les mérites ici.

Les personnes allergiques aux produits laitiers peuvent aisément remplacer le lait par du lait de soya ; il est non seulement plus digestible que le lait de vache, mais sa valeur nutritive est comparable à celle du lait maternel.

Il est riche en lécithine et en acide linoléique, deux substances qui contribuent à éliminer les gras du système sanguin. Il constitue une excellente source de phytoéléments, composants qui favorisent le maintien et l'amélioration de l'état de santé.

On recommande le lait de soya aux personnes souffrant de diabète, de maladies du cœur, d'hypertension et d'arthrite. Riche en fer, c'est un aliment de choix pour les anémiques. Combiné à une céréale, il produit une protéine complète. Il est en outre riche en acides aminés et il constitue une bonne source de vitamine B.

On peut le substituer au lait dans le lait fouetté (*milk shake*), les sauces, la crème glacée, le yogourt, la mayonnaise, la pâte à crêpes, les gâteaux, les puddings et dans la plupart de nos recettes.

La production du lait de soya nécessite presque le même équipement que celle du lait de vache. C'est pourquoi plusieurs laiteries ont diversifié leur production en y ajoutant du lait de soya.

On peut maintenant acheter un nouvel appareil pour faire son lait de soya, de riz ou d'amande à la maison en 15 minutes. Visitez le site *www.soylifeca.com*.

Le miso

Le miso est issu de la fermentation du haricot de soya auquel on a ajouté une des céréales suivantes : orge, riz, sarrasin, millet ou seigle ainsi que du sel de mer. On laisse fermenter le tout dans des contenants en bois pour une période variant de une à plusieurs années.

La texture du miso s'apparente à celle du beurre d'arachide croquant ou du fromage cottage ferme.

On croit qu'il est originaire de Chine, où l'on trouve des indices de sa présence il y a quelque 2 500 ans. Il fut introduit au Japon au VIIe siècle par les prêtres bouddhistes et aux États-Unis au cours des années 1960.

Le miso est pour ainsi dire le café des Japonais. Il est l'un des plus vieux aliments de base du Japon et a la même importance que le riz. On l'utilise également comme traitement médicinal.

Il peut être utilisé comme bouillon dans les soupes, les ragoûts, les sauces, les vinaigrettes et les pâtés de toutes sortes ainsi que dans la confection de tartines. Il peut remplacer le concentré de bouillon de viande ou de légumes ainsi que le sel dans vos recettes.

Le principal ingrédient du miso est le haricot de soya. Du point de vue nutritionnel, la protéine de soya est semblable à la protéine animale lorsqu'elle est combinée à une céréale. C'est pourquoi le miso, composé de soya et de céréales, a une si grande valeur nutritive. Il est une source d'acides aminés essentiels, de calcium, de phosphore, de potassium, de fer et de magnésium. Une tasse de soupe au miso contient environ 1,5 g de lipides et 4 g de protéines. Le miso constitue donc une excellente source de protéines. En outre, il est facilement digestible en plus d'être un aliment très énergétique.

L'orge est la céréale la plus souvent utilisée dans la préparation du miso. Ensuite vient le riz.

Tout comme le yogourt, le miso est le résultat d'une fermentation. La bactérie utilisée dans sa fabrication se nomme Koji ou *lacto-bacillus*.

On ne doit jamais faire bouillir le miso, car la chaleur détruirait les précieuses bactéries qu'il contient. Ces bactéries facilitent la digestion et l'assimilation des aliments. De plus, le miso neutralise les toxines provenant de la consommation de produits animaux.

Le miso renferme également de la zybicoline, une substance qui se combine aux éléments radioactifs et qui favorise leur élimination par l'intestin. Pas étonnant que les Japonais qui consommaient régulièrement du miso résistèrent mieux aux radiations qui suivirent l'explosion atomique d'Hiroshima.

L'assiette végétarienne gourmande

Le miso combat aussi les allergies, lesquelles sont souvent le résultat d'une faiblesse des intestins qui sont incapables d'assimiler les protéines tant végétales qu'animales.

Il renferme de l'acide linoléique et de la lécithine, deux substances qui favorisent l'élimination du cholestérol sanguin et contribuent à assouplir les vaisseaux sanguins. Ses propriétés en font l'un des principaux produits alimentaires contribuant à assurer la longévité et à entretenir la flore intestinale.

Voici les quelques variétés de miso offertes dans les magasins d'alimentation naturelle ou les épiceries asiatiques :

Miso d'orge ....(MUGI MISO)
Miso de riz ....(KOME MISO)
Miso de soya ....(HATCHO MISO)
Miso de sarrasin ....(SOBA MISO)
Soupe de miso déshydraté ......(MISO SHIRU)

Miso jaune (on le trouve dans toutes les épiceries asiatiques)

Le miso se conserve plusieurs mois au réfrigérateur dans un contenant hermétique.

Utilisez-le dans les :

• pâtés et burgers
• plats principaux
• sauces
• soupes
• tartinades
• vinaigrettes
• desserts

Apprenez à le découvrir.

Le sarrasin

En prenant l'exemple d'un produit comme le tofu (caillé de lait de soya), qui provient du haricot de soya et qui est devenu très populaire depuis la parution de mon premier livre, *La magie du tofu*, j'ai choisi de vous entretenir du sarrasin, un végétal trop souvent négligé que l'on cultive pourtant au Québec. Les vertus du sarrasin, cette plante à mi-chemin entre la céréale et la légumineuse, sont nombreuses; les Japonais les connaissent bien, puisque le sarrasin a depuis fort longtemps une place de choix dans leur alimentation.

Pourquoi délaisser cette merveilleuse culture qui sert actuellement à enrichir le sol des autres cultures et que l'on consomme uniquement sous forme de crêpes ? De nombreux pays savent pourtant tirer profit de cette richesse puisqu'ils achètent notre sarrasin et nous le revendent à un prix exorbitant sous forme de produit fini. De fait, nous produisons un sarrasin d'excellente qualité, à tel point que les Japonais considèrent qu'il s'agit du meilleur sarrasin au monde, sans compter qu'il pousse à l'état naturel, pour ne pas dire sauvage.

Le sarrasin fait partie intégrante de la cuisine de nombreux pays d'Europe et d'Asie du Nord. Les habitants de la Yougoslavie, de la France, de l'Italie, de l'Inde, du Népal et du Bhoutan le consomment depuis des centaines d'années.

On utilise également le sarrasin en médecine, sous forme de comprimés ou mélangé à du miel, en raison de sa valeur nutritive exceptionnelle.

Le sarrasin est excellent pour la circulation sanguine et on lui reconnaît un effet neutralisant sur les toxines de l'organisme.

Le sarrasin est une précieuse source de rutine, une substance prescrite par les médecins aux personnes souffrant de problèmes de cœur, de durcissement des artères, de varices, de phlébite ou de tout autre problème circulatoire. Sa teneur en calcium est supérieure à celle du blé. Il contient beaucoup de magnésium, de phosphore, de fluor et sa teneur en protéines atteint 11 %. Il est également très riche en fer et en vitamines B, B_1, et B_2.

Dans ces protéines, on a identifié des acides aminés essentiels comme la lysine, l'histidine, la cystine et même la tryptophane que l'on croyait trouver seulement dans les protéines animales.

Le sarrasin contient une autre vitamine qui joue un rôle important, la vitamine P (pp). Elle fortifie les vaisseaux sanguins, améliore leur perméabilité et favorise l'équilibre nerveux.

Le sarrasin participe au maintien de la chaleur interne de l'organisme, soutient l'effort physique, augmente la résistance aux infections, diminue la pression sanguine et nous protège des brûlures causées par le froid ou la chaleur.

Les premières cultures de sarrasin au Québec sont apparues entre 1820 et 1835 ; à l'époque, on l'appelait « le blé noir » ou « le blé des pauvres ».

Il n'est pas difficile de comprendre pourquoi nos ancêtres, qui travaillaient très fort physiquement, avaient une telle endurance, puisque, de fait, ils consommaient du sarrasin en assez grande quantité sous forme de crêpes ou de galettes. Toutefois, on ne savait pas encore que le sarrasin contribue au bon fonctionnement du foie, détend les nerfs, aide à nettoyer l'estomac et à éliminer le surplus de cholestérol.

On croit que le sarrasin est originaire des environs de l'Himalaya, soit l'ouest de la Chine, le Tibet et le nord de l'Inde. De plus, on dit l'avoir découvert mille ans avant qu'il soit introduit en Europe, vers les années 1400.

Au Québec, on a commencé à développer et à offrir une gamme de produits fabriqués à base de sarrasin. Par exemple, le sarrasin peut être introduit dans les pâtes alimentaires, mélanges à gâteaux, à biscuits, à muffins, à crêpes, ainsi que dans les pâtisseries et les plats cuisinés.

Le fait que toute la production actuelle du sarrasin soit exportée au Japon et que les cultures qui ne sont pas exportées servent à fabriquer du compost est loin de me laisser indifférent. Après tout, nous avons un des meilleurs sarrasins au monde, sans compter que cette plante si précieuse ne pousse presque pas chez nos voisins américains.

Le sarrasin jouit d'une excellente réputation au Japon ; en effet, le sarrasin revêt depuis fort longtemps une place de choix dans l'alimentation des Japonais qui le considèrent comme un aliment précieux. Dans la seule ville de Tokyo, on compte 40 000 restaurants qui servent les pâtes au sarrasin (soba).

En conclusion, il est important de comprendre les implications écologiques et économiques de la production du sarrasin, les avantages d'en faire la culture afin de développer une gamme de produits d'une très grande valeur nutritive tout en ne perdant pas de vue qu'il est possible de cultiver le sarrasin sans engrais chimique et sans insecticide.

On trouve le sarrasin sous différentes appellations :

- sarrasin blanc
- sarrasin rôti (kacha)
- farine de sarrasin
- nouilles de sarrasin (soba)

Les nouilles de soba contiennent 40 %, 60 % ou 80 % de sarrasin. Il existe des pâtes de soba constituées de sarrasin à 100% qui sont consommées notamment par les moines bouddhistes. Elles sont appréciées pour leur goût unique et on les trouve aujourd'hui dans certaines épiceries. Conservez l'eau de cuisson des nouilles, cette eau de texture gélatineuse est bienfaisante pour le système digestif et elle est très nutritive.

Au Québec, la société SOBAYA produit depuis maintenant vingt ans des pâtes de sarrasin que l'on trouve dans toutes les grandes chaînes d'alimentation.

Le seitan : gluten et protéine de blé dur entier

Q uand j'ai appris, lors d'un voyage à Boston en 1975, qu'on pouvait extraire les protéines du blé (gluten) pour en faire une pâte très nutritive appelée seitan en japonais, un monde de possibilités s'est ouvert à moi. C'est alors que j'ai voulu en savoir plus sur cet aliment polyvalent qui peut remplacer la viande dans de nombreux plats.

Le seitan est un aliment qui possède une riche histoire. Les habitants du Japon, de la Chine, de la Corée et de la Russie consomment du gluten depuis des centaines d'années. Les moines japonais ont acquis des Chinois les rudiments de sa fabrication il y a plus de 950 ans.

Introduit aux Etats-Unis il y a une trentaine d'années seulement, le seitan possède toutes les qualités pour se tailler une place de choix parmi les substituts de viande dans la préparation de différentes recettes.

Le seitan est le gluten extrait de la farine de blé entier. Il est très riche en protéines et très faible en matières grasses et en calories. Sa concentration élevée en protéines alliée à sa faible teneur en gras en font un aliment extrêmement digestible. 100 g de seitan contiennent 118 calories, 18 g de protéines, ainsi que du potassium, du calcium, du phosphore, du fer et des vitamines.

Dans la section Techniques de base, j'explique comment faire la préparation du gluten à partir de la farine de blé et comment confectionner le seitan proprement dit. Le seitan est également vendu en morceaux ou sous forme de plats préparés (tourtières, pâtés, sauces à spaghetti, etc.) dans les magasins d'aliments naturels et les comptoirs santé des supermarchés. Demandez-le…

Le tempeh (soya fermenté)

Le tempeh est originaire d'Indonésie. Il est l'un des aliments les plus polyvalents qui soit, sans compter qu'il nourrit des millions de personnes à travers le monde. Les habitants de la Malaisie, de Singapour et des centaines de petites îles avoisinantes en consomment depuis des centaines d'années. On l'appelle « poulet végétal » en raison de sa texture croquante et de son goût qui rappelle celui du poulet.

Il est délicieux servi comme plat principal : en burger, en purée, en vinaigrette, en tartine, sur des croûtons, dans les salades ou les soupes ou comme substitut de la viande dans les pizzas, les plats en sauce et les casseroles.

Sa valeur nutritive est comparable à celle du bœuf, du poulet et des œufs, mais ses protéines sont beaucoup plus faciles à assimiler que celles de la viande.

Il est l'aliment végétal le plus riche en vitamine B_{12}, la vitamine la plus recherchée dans une alimentation végétarienne ; il est également très riche en fibres.

Il contient des vitamines, des minéraux, du calcium, du phosphore et du fer. Il contribue à réduire le taux de cholestérol et aide à éliminer les toxines dans le sang. 100 grammes de tempeh contiennent 157 calories.

Il existe une trentaine de variétés de tempeh, dont quelques-unes que l'on trouve sur le marché nord-américain. Introduit aux États-Unis dans les années 1950, le tempeh commença à être populaire auprès des végétariens vers le milieu des années 1970.

De tous les aliments fermentés, le tempeh est sans doute celui qui est promis au plus brillant avenir.

Un burger de tempeh offre plus de protéines qu'un burger de bœuf et il ne contient pas de cholestérol. On le trouve maintenant dans les magasins d'aliments naturels, au comptoir des aliments réfrigérés ou surgelés.

Différentes compagnies ont déjà mis sur le marché des burgers qui, à mon avis, vont concurrencer d'ici peu le burger traditionnel des grandes chaînes de *fast food*.

Quand vous achetez un paquet, vérifiez la date de péremption. La partie non utilisée doit être enveloppée et mise au réfrigérateur où elle pourra être conservée une semaine. On peut également la congeler.

Les huiles végétales

L a seule matière grasse indispensable à la santé est celle qui fournit des acides gras essentiels. Ces gras sont dits « essentiels » parce que notre organisme est incapable de les fabriquer lui-même, et il doit les puiser dans les aliments.

Ces gras jouent un rôle de premier plan dans la croissance des tissus, la perméabilité des membranes des cellules et le maintien d'une peau saine.

Les huiles de certaines graines et noix constituent un excellent choix parce qu'elles renferment une très grande quantité d'acides gras essentiels. La popularité grandissante de l'huile de lin est d'ailleurs attribuable à sa forte teneur en acides gras essentiels. De fait, elle constitue la source la plus équilibrée d'acides gras, suivie de près par l'huile de citrouille.

Lisez attentivement les étiquettes lorsque vient le temps de choisir une huile. Préférez celles qui portent les mentions « pressée à froid » ou « extra-vierge ».

Les protéines végétales

Les protéines d'origine végétale se regroupent en trois grandes familles :

Les légumineuses	Les céréales	Les noix et les graines
fève de soya	avoine, gruau	amandes
haricots blancs	blé	arachides
haricots de Lima	germe de blé	graines de citrouille
haricots de soya	maïs	graines de sésame
haricots mungo	millet	graines de tournesol
haricots noirs	orge	noix de cajou
haricots rouges	riz brun et blanc	noix de Grenoble
lentilles	sarrasin	pignons
pois cassés	seigle	etc.
pois chiches	pain de blé entier	
pois secs	céréales à déjeuner	
etc.	céréales de grains entiers	
	pâtes alimentaires	
	etc.	

Les aliments d'une même famille possèdent des caractéristiques communes et leurs acides aminés se ressemblent. Deux légumineuses, comme les haricots secs et les pois secs, possèdent les mêmes forces et les mêmes faiblesses : elles ne peuvent pas se combiner car ça ne ferait qu'accentuer leurs faiblesses respectives ! Par contre, les céréales comme le blé ou le riz ont des caractéristiques différentes et peuvent compléter un aliment de la famille des légumineuses.

En général, les familles se complètent de la façon suivante :

Légumineuses + céréales = Protéines complètes
Légumineuses + noix et graines = Protéines complètes
Céréales + produits laitiers = Protéines complètes

Les possibilités sont nombreuses, mais elles doivent toujours respecter ces deux complémentarités lorsque le menu ne contient que des aliments d'origine végétale. Lorsque deux aliments complémentaires sont consommés à l'intérieur d'une période de 24 heures, le corps les assimile comme étant une protéine complète.

Les combinaisons possibles sont infinies puisque l'on peut ajouter à notre menu des protéines d'origine animale que l'on trouve dans le lait, le fromage ou dans une petite portion de viande, de volaille ou de poisson.

Les céréales à déjeuner constituent une «bonne source de protéines» lorsqu'on les sert avec du lait de soya ou du lait.

Jadis, les fèves au lard étaient considérées comme un mets d'accompagnement et, souvent, la soupe aux pois ne servait qu'à accompagner le sandwich du dîner.

De nos jours, les légumineuses connaissent une popularité grandissante, et on trouve d'ailleurs la plupart d'entre elles en conserve sur les tablettes de nos supermarchés. On les apprête dorénavant comme plat de résistance (croquettes, burgers, pâtés, purée, etc.) et même sous forme de dessert, ce qui leur assure une place de choix dans notre alimentation.

Les recettes de base

SEITAN
(GLUTEN DE BLÉ)
DE FARINE DE BLÉ DUR ENTIER

6 tasses	farine de blé dur entier	1,5 l
2 tasses	d'eau ou un peu plus	500 ml

MODE DE PRÉPARATION

1. Mettre la farine dans un bol et ajouter graduellement l'eau, en mélangeant à l'aide d'une fourchette.

2. Verser le mélange sur une planche enfarinée. Pétrir environ 10 minutes, jusqu'à l'obtention d'une pâte lisse et non collante.

3. Laisser la pâte reposer sous un linge humide 20 minutes.

4. Couper la pâte en morceaux de 1 po (2,5 cm) par 2 po (5 cm). Mettre les morceaux de pâte dans un bol.

5. Déposer le bol dans l'évier, sous le robinet d'eau froide, de façon à ce que le filet d'eau coule sur la pâte, jusqu'à ce que l'eau dans le bol devienne transparente et que la pâte ne dégage plus un liquide blanc (amidon).

6. À cette étape, enlever un peu d'eau et ajouter les épices au choix (bouillon d'oignon, gingembre, ail, etc.) (Voir recette)

7. Cuire à feu moyen environ 1 h 30. Durant la cuisson, les morceaux de gluten gonflent, et absorbent les saveurs du bouillon.

8. Laisser refroidir et réfrigérer. Une fois cuit, ce gluten s'appelle « seitan » et peut être utilisé comme source de protéines dans plusieurs recettes.

9. Le hacher pour en faire des pâtés, des tourtières, des burgers, etc.

SEITAN
(GLUTEN DE BLÉ)
DE FARINE DE GLUTEN

2 tasses	farine de gluten	500 ml
1/2 tasse	graines de tournesol moulues en fine poudre	125 ml
1 c. à thé	poudre d'oignon	5 ml
1 c. à thé	poudre d'ail	5 ml
1/2 c. à thé	épices à volaille	2 ml
1/2 tasse	farine de blé entier	125 ml
1 1/2 tasse	eau chaude	375 ml
2 c. à soupe	sauce tamari	30 ml
1/4 c. à thé	sel de mer	1 ml

MODE DE PRÉPARATION

1. Mettre tous les ingrédients secs dans un bol, sauf le sel. Bien mélanger. Réserver.

2. Dans un autre bol, mettre l'eau chaude, la sauce tamari et le sel. Bien mélanger.

3. Faire un puits au centre du mélange des ingrédients secs.

4. Ajouter le mélange d'eau chaude au mélange d'ingrédients secs.

5. Mélanger rapidement avec vos doigts. Pétrir brièvement pour former une boule de pâte homogène.

6. Couper en morceaux de 1 x 1 po (2,5 x 2,5 cm).

7. Cuire dans un bouillon de légumes épicé. (Voir recette Bouillon pour la cuisson du seitan)

8. Amener le bouillon à ébullition.

9. Ajouter graduellement les morceaux de seitan.

10. Réduire à feu moyen. Couvrir. Laisser mijoter 1 1/4 heure.

11. Retirer du feu. Égoutter. Laisser refroidir.

12. Mettre dans un contenant hermétique. Garder au réfrigérateur.

13. Utiliser dans vos recettes.

BOUILLON POUR LA CUISSON
DU SEITAN

2 c. à soupe	huile d'olive	30 ml
3 c. à soupe	ail haché	45 ml
1 tasse	oignons hachés	250 ml
1 c. à soupe	gingembre haché	15 ml
1 c. à thé	huile de sésame rôti	5 ml
1 c. à thé	thym frais haché	5 ml
1	feuille de laurier	1
4 à 6 tasses	eau *ou* bouillon de légumes	1 à 1,5 l
1/4 tasse	sauce tamari	60 ml

MODE DE PRÉPARATION

1. Chauffer l'huile d'olive dans une casserole à feu moyen.

2. Ajouter l'ail, les oignons et le gingembre. Frire de 2 à 3 minutes ou jusqu'à ce que les oignons soient transparents.

3. Ajouter l'huile de sésame, le thym et la feuille de laurier. Bien mélanger.

4. Ajouter l'eau *ou* le bouillon de légumes et la sauce tamari. Porter à ébullition, puis réduire à feu moyen-doux.

5. Couper le gluten en morceaux de 3/4 x 3/4 po (2 x 2 cm) et ajouter les morceaux graduellement dans le bouillon.

6. Cuire 1 heure.

7. Retirer du feu. Égoutter. Laisser refroidir

8. Servir dans vos recettes préférées. Couper en cubes, en lamelles, hacher ou passer au robot culinaire.

9. Utiliser dans les tourtières, les sauces à spaghetti, les plats principaux ; dans les pâtes, le pâté chinois, les ragoûts, en brochettes, etc.

Note : Vous pouvez créer différents bouillons pour la cuisine à indienne, thaïlandaise, japonaise, italienne, en variant les épices.

CUISSON
DES LÉGUMINEUSES

LAVER ET NETTOYER

1. Avec les doigts, retirer toutes les impuretés.

2. Rincer à l'eau et égoutter.

3. Tremper à l'eau froide de 6 à 8 heures pour les variétés qui requièrent un trempage.

(Voir Tableau des temps de cuisson.)

4. Cuire le temps requis. (Voir le tableau des temps de cuisson)

5. Recouvrir d'eau, environ 3 po (7,5 cm) au-dessus du niveau des légumineuses.

TABLEAU DES TEMPS DE CUISSON

1 tasse de légumineuses = 2 tasses de légumineuses cuites

	Trempage	Cuisson		Trempage	Cuisson
Lentilles rouges	non	30 minutes	Fèves	oui	1 1/2 heure
Lentilles vertes	non	50 minutes	Haricots	oui	1 1/2 heure
Pois cassés jaunes et verts	non	50 minutes	Haricots de soya	oui	3 heures
			Pois chiches	oui	3 heures

MODE DE PRÉPARATION

La cuisson :

Faire cuire suffisamment jusqu'à ce que les légumineuses s'écrasent facilement sous la pression.

Saler seulement à la fin de la cuisson.

La conservation :

Les légumineuses cuites se conservent au réfrigérateur dans un contenant hermétique de 3 à 4 jours.

ou

Préparer des portions que vous conserverez dans des sacs au congélateur.

Utilisation :

Si vous préférez les acheter en conserve, assurez-vous de bien les rincer et de bien les égoutter. Plusieurs variétés sont offertes sur le marché, vous pouvez donc varier la sorte de légumineuse dans vos plats préférés.

CUISSON DU TEMPEH
(AVANT L'UTILISATION)

2 tasses	tempeh (1 paquet)	500 ml
1 1/2 tasse	eau *ou* bouillon	375 ml
2 c. à soupe	sauce tamari	30 ml

MODE DE PRÉPARATION

1. Dans une poêle antiadhésive, mettre le tempeh, le bouillon et la sauce tamari.

2. Porter à ébullition. Réduire à feu moyen-doux. Cuire 10 minutes.

3. Retirer du feu. Égoutter.

Note : Suivant la recette, on le sert frit, mariné ou émietté selon la saveur recherchée. Le tempeh se vend surgelé. Bien l'envelopper et réfrigérer après avoir prélevé la quantité nécessaire pour votre recette. Se conserve de 5 à 7 jours.

Couper en petits cubes, en lamelles, en tranches minces et faire mariner dans la marinade choisie quelques heures. Puis frire quelques minutes. Vous pouvez utiliser le tempeh dans toutes les recettes faisant appel à du tofu ou à du seitan rôti.

CUISSON DES CÉRÉALES

BULGUR

1 tasse	bulgur	250 ml
1 1/2 tasse	eau	375 ml

MODE DE PRÉPARATION

1. Laver et égoutter le bulgur.
2. Mettre le bulgur et l'eau dans une casserole.
3. Porter à ébullition.
4. Réduire à feu doux. Couvrir. Cuire 10 minutes.

Note : Utilisez la portion désirée et conservez le surplus au réfrigérateur dans un contenant hermétique.

MILLET

1 tasse	millet	250 ml
2 tasses	eau *ou* bouillon de légumes	500 ml

MODE DE PRÉPARATION

1. Laver et égoutter le millet.
2. Mettre le millet et l'eau ou le bouillon de légumes dans une casserole.
3. Porter à ébullition.
4. Réduire à feu doux. Couvrir. Cuire 25 minutes.
5. Retirer du feu. Laisser reposer 5 minutes.

Note : On peut cuire le millet dans un bouillon salé et épicé.

ORGE

1 tasse	orge mondée	250 ml
3 tasses	eau	750 ml

MODE DE PRÉPARATION

1. Laver et égoutter l'orge.
2. Mettre l'orge et l'eau dans une casserole.
3. Porter à ébullition.
4. Réduire à feux doux. Couvrir. Cuire 60 minutes.
5. Retirer du feu.

RIZ SAUVAGE

1 tasse	riz sauvage	250 ml
3 tasses	eau	750 ml
4 c. à soupe	sauce tamari	60 ml

MODE DE PRÉPARATION

1. Laver et égoutter le riz sauvage.
2. Faire tremper dans l'eau pendant 1 heure. Égoutter.
3. Mettre le riz sauvage, l'eau et la sauce tamari dans une casserole.
4. Porter à ébullition.
5. Réduire à feu doux. Couvrir. Cuire 60 minutes.
6. Retirer du feu.

RIZ BASMATI

LAVER ET NETTOYER

1. Mettre le riz basmati dans un bol. Retirer toute impureté.

2. Placer le bol sous le robinet d'eau froide, et faire couler un petit filet d'eau sur le riz pendant 5 minutes. Laisser l'eau se déverser dans l'évier et vider complètement l'eau à deux ou trois reprises.

3. Remettre sous l'eau courante, jusqu'à ce que l'eau soit claire.

À la fin du rinçage, plonger la main dans l'eau du bol et frotter doucement le riz entre vos doigts.

4. Rincer une dernière fois. Égoutter dans une passoire.

5. Mettre le riz dans un bol. Couvrir d'eau propre. Laisser tremper 30 minutes. Égoutter.

1 tasse	riz basmati, lavé, égoutté et trempé	250 ml
1 1/3 tasse	eau	325 ml

MODE DE PRÉPARATION

1. Mettre le riz égoutté et l'eau dans un chaudron.

2. Porter à ébullition.

3. Réduire à feu doux.

4. Couvrir. Cuire 15 minutes.

5. Retirer du feu. Laisser reposer à couvert 5 minutes.

6. À l'aide d'une fourchette, séparer les grains de riz.

SARRASIN BLANC OU RÔTI (KASHA)

1 tasse	sarrasin lavé et égoutté	250 ml
1 2/3 tasse	eau *ou* bouillon	400 ml

MODE DE PRÉPARATION

1. Mettre le sarrasin et l'eau ou le bouillon dans une casserole.

2. Porter à ébullition.

3. Réduire à feu doux.

4. Couvrir. Laisser mijoter 15 minutes.

5. Retirer du feu. Laisser reposer 5 minutes.

6. Utiliser dans vos recettes.

SEL DE SÉSAME
(GOMASIO)

1 tasse	graines de sésame entières	250 ml
1 c. à thé	sel de mer	5 ml

MODE DE PRÉPARATION

1. Chauffer une poêle antiadhésive ou une poêle en fonte à feu moyen-vif.

2. Mettre les graines de sésame.

3. Faire griller de 3 à 4 minutes, en mélangeant continuellement, avec une cuillère en bois, jusqu'à ce que les graines de sésame dégagent une odeur grillée et prennent une couleur plus foncée.

4. Ajouter le sel de mer. Griller en mélangeant 1 minute.

5. Retirer du feu.

6. Transvider dans une assiette. Laisser tiédir.

7. Moudre par portion dans un moulin à café.

8. Retirer du moulin à café. Bien mélanger.

9. Conserver dans un contenant hermétique. Peut être réfrigéré.

10. Servir dans les salades, les soupes, les légumes, etc.

Les entrées

ASPIC AUX TOMATES
À L'AGAR-AGAR

4 tasses	jus de tomate	1 l
2	clous de girofle	2
1	feuille de laurier	1
1/4 tasse	oignons hachés finement	60 ml
1/2 c. à thé	sel de mer	2 ml
1/8 c. à thé	piment de Cayenne	0,5 ml
2 c. à soupe	agar-agar en flocons *ou* en poudre	30 ml

MODE DE PRÉPARATION

1. Mettre le jus de tomate, le clou de girofle, la feuille de laurier, les oignons, le sel de mer et le piment de Cayenne dans une casserole.

2. Porter à ébullition. Réduire à feu doux. Laisser mijoter 5 minutes.

3. Retirer la feuille de laurier et le clou de girofle.

4. Saupoudrer graduellement la poudre d'agar-agar, tout en mélangeant avec un fouet.

5. Laisser mijoter 2 minutes. Retirer du feu.

6. Verser dans de petits plats individuels. Laisser tiédir 20 minutes avant de réfrigérer.

Note : *Si vous avez de l'agar-agar en flocons, vous pouvez le moudre dans un moulin à café. (L'agar-agar remplace la gélatine.)*

Donne **4** portions

BABA GHANNOUJ
(PURÉE D'AUBERGINES)

1	grosse aubergine	1
2 c. à soupe	ail haché	30 ml
2 c. à soupe	jus de citron	30 ml
3 c. à soupe	beurre de sésame (tahini)	45 ml
2 c. à soupe	huile d'olive	30 ml
1 c. à thé	sel de mer	5 ml
1 c. à soupe	menthe fraîche hachée (optionnel)	15 ml

MODE DE PRÉPARATION

1. Préchauffer le four à 375 °F (190 °C).

2. Couper l'aubergine en deux dans le sens de la longueur.

3. Sur une plaque antiadhésive, mettre l'aubergine, côté bombé en dessous.

4. Cuire 30 minutes. Retirer du four, et laisser refroidir.

5. Retirer la chair à l'aide d'une cuillère.

6. Mettre tous les ingrédients dans le robot culinaire sauf la menthe. Mélanger jusqu'à consistance crémeuse.

7. Verser dans un bol décoré de feuilles de menthe et servir.

BEIGNETS DE LÉGUMES
ET SAUCE TOMATE

3 tasses	pommes de terre pelées et râpées	750 ml
1 tasse	carottes pelées et râpées	250 ml
2 tasses	courgettes râpées	500 ml
1/2 tasse	patates douces pelées et râpées	125 ml
1 tasse	blanc de poireau haché	250 ml
1 c. à thé	ail haché	5 ml
3 c. à soupe	farine non blanchie	45 ml
2 c. à thé	sel de mer	10 ml
1/8 c. à thé	piment de Cayenne	0,5 ml
3	œufs	3
	Huile végétale (pour frire)	

Sauce tomate

1 c. à soupe	huile d'olive	15 ml
1/2 tasse	oignon haché	125 ml
1 c. à soupe	ail haché	15 ml
1/2 c. thé	sel de mer	2 ml
3 tasses	tomates pelées et finement hachées	750 ml
3 c. à soupe	basilic frais haché	45 ml

MODE DE PRÉPARATION

1. Dans un tamis, presser tous les légumes râpés, avec le dos d'une grosse cuillère, pour en retirer le plus de liquide possible.

2. Mettre les légumes, le blanc de poireau et l'ail dans un bol. Saupoudrer de farine et bien mélanger.

3. Ajouter le sel, le piment de Cayenne, les œufs et bien mélanger.

4. Former les beignets à l'aide de deux cuillères à soupe, ou avec les mains.

5. Chauffer l'huile dans une grande poêle antiadhésive à feu moyen-vif.

6. Y déposer les beignets et, à l'aide d'une fourchette, les aplatir légèrement.

7. Frire de 3 à 4 minutes de chaque côté, jusqu'à ce que les beignets soient bien dorés. Retirer, égoutter sur des serviettes de papier et garder au chaud.

MODE DE PRÉPARATION: SAUCE TOMATE

1. Chauffer l'huile dans une petite casserole à feu moyen-vif.

2. Ajouter les oignons. Cuire quelques minutes, en remuant avec une cuillère en bois, jusqu'à ce que les oignons soient transparents. Ajouter l'ail, le sel, les tomates. Bien mélanger.

3. Réduire le feu et laisser mijoter 15 minutes, en remuant de temps en temps.

4. Ajouter le basilic haché. Bien mélanger. Servir chaud avec les beignets.

BEIGNETS DE MAÏS
AU LAIT DE SOYA

1 1/4 tasse	farine non blanchie	300 ml
1 c. à soupe	levure chimique	15 ml
1/2 c. à thé	coriandre moulue	2 ml
1/2 c. à thé	cumin moulu	2 ml
2 tasses	maïs en boîte bien égoutté	500 ml
1/2 tasse	lait de soya nature	125 ml
2	œufs légèrement battus	2
2 c. à soupe	ciboulette hachée	30 ml
1 1/2 c. à thé	sel de mer	7 ml
1/4 c. à thé	piment de Cayenne	1 ml
1/2 tasse	huile d'olive pour friture	125 ml

MODE DE PRÉPARATION

1. Dans un bol, tamiser la farine, la levure, la coriandre et le cumin.

2. Faire un puits au centre du mélange.

3. Ajouter le maïs, le lait de soya, les œufs, la ciboulette, le sel et le piment de Cayenne. Bien mélanger.

4. Chauffer l'huile dans une poêle antiadhésive, à feu moyen-vif.

5. Avec une cuillère à soupe, déposer le mélange en portions d'un beignet. Les aplatir légèrement avec le dos de la cuillère.

6. Cuire 2 minutes de chaque côté.

7. Retirer de la poêle. Déposer dans une assiette, sur des serviettes en papier. Servir avec une sauce salsa.

BEIGNETS DE POMMES
DE TERRE ET DE SARRASIN AUX HERBES

4 tasses	pommes de terre épluchées et râpées	1 l
1 1/2 tasse	patates sucrées nettoyées et râpées	375 ml
1/2 tasse	sarrasin cuit (Voir p. 31)	125 ml
3 c. à soupe	ciboulette fraîche hachée	45 ml
1 c. à thé	sel de mer	5 ml
1/8 c. à thé	piment de Cayenne	0,5 ml
1 c. soupe	origan frais haché	15 ml
3 c. à soupe	persil frais haché	45 ml
2	œufs légèrement battus	2
3 c. à soupe	farine non blanchie	45 ml
2 c. à soupe	d'huile d'olive	30 ml
1/2 tasse	crème sure	125 ml
	aneth frais (pour la garniture)	

MODE DE PRÉPARATION

1. Presser les pommes de terre et les patates sucrées dans un tamis, pour en retirer le plus de liquide possible.

2. Dans un bol, mettre les pommes de terre et les patates sucrées, le sarrasin, les herbes, le sel, le piment de Cayenne, les œufs et la farine.

3. Mélanger jusqu'à ce que la préparation soit bien homogène.

4. Dans une poêle antiadhésive, chauffer l'huile à feu moyen-vif.

5. Avec une grosse cuillère à table, prendre une portion du mélange et déposer dans la poêle. Cuire 5 minutes de chaque côté à feu moyen, jusqu'à ce que les beignets soient bien dorés.

6. Retirer du feu et servir avec un peu de crème sure et garnir de brins d'aneth frais.

Variantes : Utilisez un restant de céréales ou des lentilles pour remplacer le sarrasin.

CHAMPIGNONS
FARCIS AU BULGUR ET AUX HERBES

12	gros champignons	12
1 c. à soupe	d'huile d'olive	15 ml
1/2 tasse	oignons hachés finement	125 ml
1/2 tasse	bulgur cuit	125 ml
2 c. à soupe	amandes hachées finement	30 ml
1 c. à soupe	ail haché finement	15 ml
1 c. à soupe	jus de citron	15 ml
3 c. à soupe	persil haché finement	45 ml
1 c. à soupe	thym frais haché finement	15 ml
1 c. à thé	romarin frais haché finement	5 ml
1 c. à soupe	ciboulette hachée finement	15 ml
1/2 c. à thé	sel de mer	2 ml
1/8 c. à thé	piment de Cayenne	0,5 ml
3 c. à soupe	beurre coupé en petit cubes	45 ml

MODE DE PRÉPARATION

1. Préchauffer le four a 350 °F (180 °C).

2. Retirer les pieds des champignons et les hacher finement.

3. Mettre l'huile d'olive dans une poêle antiadhésive, à feu moyen.

4. Ajouter les oignons. Frire 3 minutes, en mélangeant avec une cuillère en bois.

5. Ajouter les pieds de champignons hachés. Frire 3 minutes et retirer du feu. Réserver.

6. Dans un bol, mettre le bulgur cuit, les amandes, l'ail, le jus de citron, les herbes, le sel, le piment de Cayenne et le beurre. Bien mélanger.

7. Ajouter le mélange d'oignons frits. Bien mélanger.

8. Farcir les chapeaux des champignons.

9. Étaler sur une tôle antiadhésive. Mettre au four.

10. Cuire 20 minutes ou jusqu'à ce que le dessus soit bien cuit. Servir immédiatement.

CRETONS
AU SARRASIN

1 c. à soupe	huile de tournesol	15 ml
1 c. à thé	ail haché	5 ml
1/2 tasse	oignons hachés finement	125 ml
1/2 tasse	champignons nettoyés et hachés finement	125 ml
1 tasse	sarrasin blanc lavé et égoutté	250 ml
1/3 tasse	flocons d'avoine	80 ml
3 1/2 tasses	eau *ou* bouillon de légumes	875 ml
3 c. à soupe	sauce tamari	45 ml
1 c. à thé	huile de tournesol	5 ml
1/4 c. à thé	cannelle moulue	1 ml
1/8 c. à thé	clou de girofle moulu	0,5 ml
1/2 c. à thé	sel de mer	2 ml
1/8 c. à thé	poivre moulu	0,5 ml
1 c. à soupe	agar-agar en poudre	15 ml

MODE DE PRÉPARATION

1. Dans une casserole, à feu moyen, faire revenir l'ail et les oignons dans l'huile, de 2 à 3 minutes.

2. Ajouter les champignons. Frire 2 minutes.

3. Ajouter tous les autres ingrédients, sauf l'agar-agar.

4. Réduire le feu à minimum. Couvrir et cuire 15 minutes.

5. Saupoudrer l'agar-agar. Mélanger délicatement. Couvrir. Laisser mijoter 1 à 2 minutes.

6. Verser dans un moule. Laisser refroidir.

7. Réfrigérer et servir comme des cretons.

CROQUETTES DE SARRASIN

ET DE PACANES

1 c. à soupe	huile d'olive	15 ml
1 tasse	oignons rouges hachés	250 ml
1 c. à soupe	ail haché	15 ml
2 tasses	sarrasin blanc cuit (Voir p. 31)	500 ml
2 c. à soupe	pacanes hachées	30 ml
1 c. à soupe	graines de tournesol hachées	15 ml
1 c. à soupe	thym frais haché	15 ml
1 c. à soupe	persil frais haché	15 ml
2 c. à soupe	sauce tamari	30 ml
1/8 c. à thé	piment de Cayenne	0,5 ml
1/4 c. à thé	sel de mer	1 ml
1	œuf légèrement battu	1
1/3 tasse	chapelure	80 ml

MODE DE PRÉPARATION

1. Chauffer l'huile d'olive dans une poêle antiadhésive, à feu moyen-vif.

2. Ajouter les oignons et l'ail. Frire 3 minutes en mélangeant avec une cuillère en bois. Retirer du feu.

3. Mettre les oignons frits dans un grand bol.

4. Ajouter tout le reste des ingrédients. Bien mélanger avec les mains, en ajoutant plus de chapelure si le mélange est trop humide.

5. Former les croquettes.

6. Mettre un peu d'huile d'olive dans une poêle antiadhésive, à feu moyen.

7. Déposer les croquettes dans la poêle. Cuire de 3 à 4 minutes de chaque côté ou jusqu'à ce qu'elles soient dorées.

8. Servir avec la sauce de votre choix.

PURÉE DE POIS CHICHES
ET DE MISO

2 1/2 tasses	pois chiches en boîte rincés et égouttés	625 ml
1/3 tasse	beurre de sésame (tahini)	80 ml
2 c. à soupe	jus de citron	30 ml
2 c. à soupe	huile d'olive	30 ml
1 1/2 c. à soupe	miso	20 ml
1 c. à thé	ail haché	5 ml
1/4 c. à thé	sel de mer	1 ml
1/8 c. à thé	piment de Cayenne	0,5 ml
1/2 tasse	eau	125 ml

MODE DE PRÉPARATION

1. Mettre tous les ingrédients dans le mélangeur.

2. Mélanger jusqu'à consistance crémeuse. Arrêter le mélangeur de temps en temps et pousser les ingrédients vers le bas à l'aide d'une spatule pour faciliter le broyage.

3. Ajouter de l'eau si la purée est trop épaisse.

4. Servir avec des biscottes ou des crudités.

PURÉE DE POIS
JAUNES CONCASSÉS

1 1/2 tasse	pois jaunes concassés, lavés et égouttés	375 ml
1	feuille de laurier	1
2 c. à soupe	ail haché	30 ml
1/4 tasse	vinaigre de vin rouge	60 ml
1/4 tasse	huile d'olive vierge	60 ml
1 c. à thé	sel de mer	5 ml
1/8 c. à thé	poivre fraîchement moulu	0,5 ml
1 tasse	oignons espagnols tranchés en rondelles minces	250 ml
3 c. à table	câpres hachées	45 ml

MODE DE PRÉPARATION

1. Mettre les pois jaunes concassés et la feuille de laurier dans un chaudron et recouvrir d'eau froide.

2. Amener doucement à ébullition, en écumant la mousse blanche.

3. Cuire à demi couvert, 45 minutes à feu moyen-doux, jusqu'à ce que les pois soient tendres.

4. Retirer la feuille de laurier et le surplus de liquide de cuisson.

5. Mettre dans un bol. Écraser les pois à l'aide d'une cuillère en bois.

6. Ajouter l'ail haché finement, le vinaigre, l'huile d'olive, le sel et le poivre. Bien mélanger.

7. Verser dans des bols et garnir de rondelles d'oignon et de câpres.

8. Servir comme tartinade, avec du pain ou des craquelins.

SCONES AU LAIT
DE SOYA

2 tasses	farine non blanchie	500 ml
1 c. à soupe	levure chimique	15 ml
1/8 c. à thé	sel de mer	0,5 ml
1/4 tasse	beurre coupé en petits cubes	60 ml
1/2 tasse	lait de soya nature	125 ml
1/3 tasse	eau	80 ml

MODE DE PRÉPARATION

1. Préchauffer le four à 400 °F (200 °C).

2. Tamiser la farine, la levure et le sel de mer dans un grand bol.

3. Ajouter le beurre en travaillant délicatement du bout des doigts.

4. Faire un puits au centre du mélange.

5. Verser le lait de soya et l'eau. Mélanger pour former une pâte souple.

6. Déposer la pâte sur une surface enfarinée.

7. Pétrir délicatement et brièvement.

8. Avec un rouleau à pâtisserie enfariné, abaisser la pâte à 3/4 po (1,5 cm) d'épaisseur.

9. Découper la pâte avec un emporte-pièce rond de 2 po (5 cm), enfariné.

10. Déposer les morceaux sur une plaque antiadhésive.

11. Cuire 12 minutes ou jusqu'à ce que les scones soient bien dorés. Servir.

TARTINADE AU TOFU
ET AU MISO

2 tasses	tofu mi-ferme égoutté et émietté	500 ml
2 c. à soupe	miso	30 ml
1 c. à soupe	beurre de sésame (tahini)	15 ml
1 c. à soupe	huile d'olive	15 ml
1 c. à soupe	oignons vert hachés finement	15 ml
2 c. à soupe	persil frais haché finement	30 ml
1/2 c. à thé	moutarde à l'ancienne	2 ml
1/8 c. à thé	piment de Cayenne	0,5 ml

MODE DE PRÉPARATION

1. Mettre tous les ingrédients dans un bol. Bien mélanger avec une spatule.

2. On peut ajouter différents légumes hachés finement.

3. Servir en sandwich, avec des crudités ou des feuilles de laitue.

TERRINE AUX LÉGUMES

1 tasse	graines de tournesol moulues	250 ml
1/2 tasse	farine de blé entier	125 ml
1/4 tasse	levure nutritive en flocons (Angevita)	60 ml
1 tasse	oignons hachés finement	250 ml
1 tasse	pommes de terre pelées et râpées	250 ml
1/2 tasse	carottes pelées et râpées finement	125 ml
1/2 c. à thé	thym frais haché finement	2 ml
1/4 c. à thé	sauge fraîche hachée finement	1 ml
1/4 c. à thé	romarin frais haché finement	1 ml
1 c. à thé	sel de mer	5 ml
1/8 c. à thé	poivre moulu	0,5 ml
2 c. à soupe	sauce tamari	30 ml
1 1/2 tasse	eau chaude	375 ml
2 c. à soupe	beurre mou	30 ml
2 c. à soupe	jus de citron	30 ml

MODE DE PRÉPARATION

1. Préchauffer le four à 350 °F (180 °C).

2. Mettre tous les ingrédients dans un bol et bien mélanger.

3. Beurrer ou huiler un plat allant au four. Y verser la préparation.

4. Mettre au four. Cuire 1 1/4 à 1 1/2 heure, jusqu'à ce que le dessus soit bien doré.

5. Retirer du four. Laisser refroidir.

6. Réfrigérer. Servir en tranches, en cubes ou en tartinade.

Note : Vous pouvez remplacer les herbes fraîches par des herbes séchées. Il suffit de réduire la quantité utilisée.

Donne **12** à **16** tranches

TOFU RÔTI EN TRANCHES
AU GINGEMBRE

1 lb	tofu soyeux mi-ferme égoutté et en tranche de 1/2 po (1 cm) d'épaisseur	454 g
2 c. à soupe	huile d'olive *ou* huile de tournesol	30 ml
1/4 tasse	sauce tamari	60 ml
1 c. à thé	moutarde à l'ancienne	5 ml
1/4 c. à thé	sel d'oignon	1 ml
1/4 c. à thé	sel d'ail	1 ml
1/4 c. à thé	poivre moulu	1 ml
1 c. à soupe	gingembre haché finement	15 ml
1/4 tasse	huile d'olive	60 ml

MODE DE PRÉPARATION

1. Préchauffer le four à 375 °F (190 °C).

2. Bien sécher les tranches de tofu avec des serviettes de papier.

3. Mettre l'huile dans une poêle antiadhésive, à feu moyen.

4. Ajouter les tranches de tofu. Frire 2 minutes de chaque côté.

5. Retirer du feu. Réserver.

6. Dans un bol, mettre tous les autres ingrédients. Bien mélanger avec un fouet.

7. Ajouter les tranches de tofu. Bien mélanger.

8. Placer les tranches de tofu sur une tôle antiadhésive. Badigeonner chaque coté d'un peu de la marinade.

9. Cuire au four 25 minutes. Servir chaud ou froid, en sandwich, en cubes ou en lamelles.

Les salades

SALADE DE PENNE
AU RIZ BRUN ET DE TOMATES SÉCHÉES

2 1/2 tasses	penne *ou* spirales au riz brun	625 ml
3 c. à soupe	huile d'olive	45 ml
1 tasse	tomates séchées marinées dans l'huile d'olive, égouttées et coupées finement	250 ml
3 c. à soupe	basilic frais haché	45 ml
1 tasse	olives noires dénoyautées et coupées en quatre	250 ml
1 c. à soupe	vinaigre de vin blanc	15 ml
1 c. à thé	ail haché finement	5 ml
1 c. à thé	sel de mer	5 ml
1/8 c. à thé	piment de Cayenne	0,5 ml
1/4 tasse	fromage parmesan en copeaux	60 ml

MODE DE PRÉPARATION

1. Cuire les pâtes à l'eau bouillante salée.

2. Égoutter et rincer à l'eau froide ; égoutter à nouveau.

3. Mettre les pâtes dans un grand bol.

4. Ajouter 1 c. à soupe (15 ml) d'huile d'olive. Bien mélanger.

5. Ajouter les tomates séchées, le basilic et les olives. Bien mélanger.

6. Ajouter le reste de l'huile d'olive, le vinaigre, l'ail haché, le sel et le piment de Cayenne. Bien mélanger.

7. Verser dans un plat de service. Garnir de copeaux de fromage parmesan et servir.

SALADE AUX ŒUFS
SANS ŒUF

1 lb	tofu soyeux mi-ferme émietté	500 g
1 tasse	légumes coupés en petits cubes (céleri, carotte, oignons verts, persil)	250 ml
2 c. à soupe	mayonnaise légère *ou* mayonnaise de soja	30 ml
1 c. à thé	moutarde à l'ancienne	5 ml
1 c. à thé	herbes salées du marché	5 ml
1 c. à thé	fines herbes de Provence	5 ml
1 c. à soupe	jus de citron	15 ml
1 c. à soupe	sauce tamari	15 ml
1 c. à soupe	huile d'olive	15 ml
	sel (au goût)	
	poivre (au goût)	

MODE DE PRÉPARATION

1. Mettre tous les ingrédients dans un bol. Bien mélanger.

2. Servir dans un pain pita, sur du pain à sandwich ou avec des feuilles de laitue.

SALADE CHAUDE
DE HARICOTS ET DE LÉGUMES

1/4 tasse	huile d'olive	60 ml
1 1/2 tasse	oignons hachés	375 ml
1 c. à soupe	ail haché	15 ml
1 tasse	poivrons rouges coupés en fines lamelles	250 ml
1 1/2 tasse	haricots verts	375 ml
1 tasse	champignons de Paris coupés en tranches	250 ml
2 c. à soupe	vinaigre balsamique	30 ml
1 1/2 c. à thé	sel de mer	7 ml
3 tasses	haricots au choix en boîte, rincés et égouttés	750 ml
3 c. à soupe	persil frais haché	45 ml
	fromage parmesan râpé *ou* en copeaux (facultatif)	

MODE DE PRÉPARATION

1. Chauffer l'huile d'olive dans une casserole moyenne, à feu moyen.

2. Ajouter les oignons. Frire 2 à 3 minutes en mélangeant.

3. Ajouter l'ail, le poivron, les haricots verts, les champignons, le vinaigre balsamique et le sel. Bien mélanger.

4. Cuire 5 minutes en remuant avec une cuillère en bois.

5. Ajouter les haricots en boîte, le reste de l'huile d'olive. Bien mélanger.

6. Cuire 1 minute. Retirer du feu.

7. Verser dans un plat de service. Parsemer de persil haché et de fromage parmesan (facultatif). Servir chaud, tiède ou froid.

Note : Les copeaux de parmesan s'obtiennent en utilisant un couteau à peler les légumes.

SALADE DE CHAYOTES

3 tasses	chayotes pelées et coupées en deux	750 ml
2 c. à soupe	persil haché	30 ml
1/4 tasse	oignons verts hachés finement	60 ml
1/2 tasse	poivrons rouges pelés et coupés en fines lamelles	125 ml
1 c. à soupe	gingembre frais haché finement	15 ml
2 c. à soupe	coriandre fraîche hachée	30 ml
3 c. à soupe	huile d'olive	45 ml
1 c. à thé	ail haché finement	5 ml
2 c. à soupe	jus de lime *ou* de citron	30 ml
1 c. à thé	sel de mer	5 ml
1/8 c. à thé	piment de Cayenne	0,5 ml

MODE DE PRÉPARATION

1. Assurez-vous d'enlever la noix des chayotes.

2. Couper en fines lamelles.

3. Mettre tous les ingrédients dans un bol. Bien mélanger.

4. Laisser macérer 10 minutes et servir.

SALADE D'ALGUES
HIJIKI ET DE LÉGUMES

1 tasse	algues hijiki, lavées et égouttées	250 ml
4 tasses	eau	1 l
1/2 tasse	sauce tamari	125 ml
1 c. à soupe	gingembre frais, coupé en tranches	15 ml
4 tasses	carottes râpées	1 l
1/4 tasse	oignons verts coupés finement	60 ml
1/4 tasse	persil haché finement	60 ml
2 c. à soupe	huile d'olive	30 ml
2-3 c. à soupe	jus de citron	30-45 ml
1 c. à thé	sel de mer	5 ml
1/4 c. à thé	piment de Cayenne	1 ml

MODE DE PRÉPARATION

1. Mettre l'eau, les algues hijiki, la sauce tamari et le gingembre dans un chaudron.

2. Amener à ébullition. Réduire à feu moyen-doux et cuire 20 minutes.

3. Retirer du feu. Égoutter et laisser refroidir.

4. Mettre tous les ingrédients dans un bol. Bien mélanger. Servir.

Note : Vous pouvez conserver le bouillon de cuisson des algues et l'utiliser dans les soupes, les sauces, etc.

Donne **4** à **6** portions

SALADE TIÈDE DE LENTILLES
ET DE RIZ BASMATI

1 1/2 tasse	lentilles en boîte, rincées et égouttées	375 ml
1 tasse	riz basmati nettoyé	250 ml
4 tasses	oignons rouges hachés	1 l
3 c. à soupe	ail haché	45 ml
1/2 tasse	huile d'olive	125 ml
2 c. à soupe	beurre	30 ml
1 c. à thé	cannelle moulue	5 ml
2 c. à thé	paprika doux	10 ml
2 c. à thé	cumin moulu	10 ml
1 c. à thé	coriandre moulue	5 ml
1 tasse	oignons blancs hachés	250 ml
1 1/2 c. à thé	sel de mer	7 ml
1/4 c. à thé	piment de Cayenne	1 ml

MODE DE PRÉPARATION

1. Cuire le riz basmati. Réserver.

2. Dans une casserole, à feu doux, chauffer l'huile d'olive et le beurre.

3. Ajouter les oignons rouges et l'ail. Cuire 15 minutes, jusqu'à ce que les oignons soient dorés.

4. Ajouter la cannelle, le paprika, le cumin et la coriandre. Cuire quelques minutes en mélangeant, jusqu'à ce que le mélange devienne fragrant.

5. Retirer du feu. Réserver.

6. Dans un grand bol, mettre le riz, les lentilles, le mélange d'oignons épicés, les oignons blancs hachés, le sel et le piment de Cayenne. Bien mélanger. Servir tiède.

SALADE VERTE SAUCE AU FROMAGE DE CHÈVRE

ET AU LAIT DE SOYA

1/4 tasse	fromage de chèvre mou	60 ml
2 c. à soupe	huile d'olive	30 ml
1/4 tasse	lait de soya nature	60 ml
2 c. à soupe	jus de citron	30 ml
1/2 c. à thé	sel de mer	2 ml
1 c. à thé	miso jaune	5 ml
1/8 c. à thé	piment de Cayenne	0,5 ml
3 tasses	endives coupées en tranches diagonales de 1 po (2,5 cm)	750 ml
1 botte	cresson haché grossièrement	500 ml
2 c. à soupe	noix de pin rôties	30 ml
1 tasse	poires épluchées, épépinées et coupées en cubes de 1/2 po (1,25 cm), arrosées d'un peu de jus de citron	250 ml

MODE DE PRÉPARATION

1. Mettre le fromage de chèvre, l'huile d'olive, le lait de soya, le jus de citron, le sel de mer, le miso et le piment de Cayenne dans le mélangeur. Mélanger jusqu'à consistance crémeuse. Réserver.

2. Mettre les endives et le cresson dans un bol à salade.

3. Dans une petite poêle, à feu moyen, rôtir les noix de pin en remuant quelques minutes, jusqu'à ce qu'elles soient bien dorées.

4. Retirer du feu, déposer dans une assiette et laisser tiédir.

5. Juste avant de servir, verser la sauce au fromage sur la salade. Avec 2 cuillères en bois, touiller doucement pour bien répartir la sauce.

6. Mettre dans les assiettes à service. Parsemer de noix de pin rôties et de cubes de poires et servir.

Variantes : Utilisez des laitues différentes.

SALADE DE HARICOTS DE LIMA

PETITS POIS ET CŒURS D'ARTICHAUTS

2 tasses	oignons coupés en deux et en tranches minces	500 ml
1/4 tasse	d'huile d'olive	60 ml
2 tasses	haricots de Lima surgelés, rincés et égouttés	500 ml
1/2 tasse	d'eau	125 ml
2 c. à soupe	jus de citron	30 ml
1 tasse	petits pois surgelés	250 ml
2 1/2 tasses	cœurs d'artichaut en boîte, égouttés et coupés en deux	625 ml
2 c. à soupe	aneth frais haché	30 ml
1 c. à soupe	menthe fraîche hachée	15 ml
1/3 tasse	oignons verts hachés	80 ml
1 1/2 c. à thé	sel de mer	7 ml
1/4 c. à thé	poivre fraîchement moulu	1 ml

MODE DE PRÉPARATION

1. Chauffer l'huile dans une grande casserole, à feu moyen.

2. Ajouter les oignons. Faire revenir 5 minutes en mélangeant avec une cuillère en bois.

3. Ajouter les haricots de Lima, l'eau et le jus de citron. Porter à ébullition. Réduire à feu doux. Couvrir et laisser mijoter 5 minutes.

4. Ajouter les petits pois, les cœurs d'artichaut, l'aneth et la menthe.

5. Couvrir. Cuire de 3 à 4 minutes.

6. Retirer du feu.

7. Ajouter les oignons verts, le sel et le poivre. Mélanger délicatement. Servir chaud ou refroidi.

SALADE DE HARICOTS NOIRS
ET D'AVOCAT

2 c. à soupe	jus de lime	30 ml
2 c. à soupe	huile d'olive	30 ml
1 boîte (19 oz)	haricots noirs égouttés et rincés	500 ml
1/2 tasse	poivron rouge, épépiné et coupé en petits cubes	125 ml
1/4 tasse	poivron vert, épépiné et coupé en petits cubes	60 ml
2 c. à soupe	oignons verts, coupés finement	30 ml
1 c. à thé	ail haché	5 ml
1 c. à thé	sel de mer	5 ml
1/4 c. à thé	piment de Cayenne	1 ml
2 c. à soupe	coriandre fraîche hachée	30 ml
1	avocat coupé en quatre	1

MODE DE PRÉPARATION

1. Mettre le jus de lime et l'huile d'olive dans un grand bol.

2. À l'aide d'un fouet, fouetter jusqu'à ce que le mélange épaississe.

3. Ajouter les haricots, les poivrons, les oignons verts, l'ail, le sel et le piment de Cayenne. Bien mélanger.

4. Couper l'avocat en quatre. Frotter avec du jus de lime, pour empêcher l'oxydation.

5. Placer un quartier d'avocat dans chaque assiette. Verser un quart de la salade sur chacun des quartiers d'avocat. Décorer de coriandre. Servir.

SALADE D'AUBERGINES
AU SARRASIN ET AUX NOIX

1	aubergine moyenne	1
2 c. à soupe	huile d'olive	30 ml
1/4 tasse	olives noires dénoyautées et hachées	60 ml
2 c. à soupe	noix de pin rôties	30 ml
1 c. à soupe	jus de citron	15 ml
1 c. à soupe	sauce tamari	15 ml
1 c. à thé	sel de mer	5 ml
1/4 c. à thé	piment de Cayenne	1 ml
1/4 tasse	sarrasin *ou* millet cuit	60 ml
1 c. à soupe	persil italien haché	15 ml

MODE DE PRÉPARATION

1. Chauffer le four à 425 °F (220 °C).

2. Piquer l'aubergine avec une fourchette. Placer sur une plaque à biscuits.

3. Mettre au four. Cuire 30 minutes, et tourner 1 ou 2 fois durant la cuisson.

4. Retirer du four et laisser refroidir.

5. Couper en deux et retirer la chair.

6. Couper finement et mettre dans un bol. Réserver.

7. Mettre les noix de pin dans une petite poêle, à feu moyen. Rôtir en remuant quelques minutes, jusqu'à ce qu'elles soient bien dorées. Réserver.

8. Ajouter l'huile d'olive, les olives, les noix de pin, le jus de citron, la sauce tamari, le sel de mer, le piment de Cayenne et le sarrasin à l'aubergine. Bien mélanger. Saupoudrer de persil haché et servir.

Note : Le sarrasin ou le millet peuvent être remplacés par une autre céréale cuite.

SALADE DE RIZ
SAUVAGE

1 tasse	riz sauvage	250 ml
4 tasses	eau	1 l
1/4 tasse	sauce tamari	60 ml
1 c. à soupe	gingembre frais coupé en tranches minces	15 ml
1 tasse	céleri haché	250 ml
1 tasse	poivron rouge haché	250 ml
1/4 tasse	oignons verts hachés	60 ml
3 c. à soupe	persil haché	45 ml
1 c. à thé	ail haché finement	5 ml
3 c. à soupe	huile d'olive	45 ml
3 c. à soupe	jus de citron	45 ml
1/2 c. à thé	sel de mer	2 ml
1/8 c. à thé	piment de Cayenne	0,5 ml
2 c. à soupe	noix (au choix) hachées	30 ml

MODE DE PRÉPARATION

1. Faire tremper le riz 1 heure. Rincer et égoutter.

2. Mettre le riz, l'eau, la sauce tamari et le gingembre dans une casserole.

3. Porter à ébullition. Réduire à feu doux. Couvrir et cuire 1 heure.

4. Dans une passoire, égoutter le riz. Retirer les tranches de gingembre et laisser refroidir.

5. Mettre le riz dans un grand bol. Ajouter tous les autres ingrédients. Bien mélanger. Servir.

SALSA À L'AVOCAT

1 tasse	oignons rouges hachés finement	250 ml
3	avocats mi-fermes, pelés et coupés en petits cubes	
3 c. à soupe	jus de lime *ou* de citron	45 ml
1 1/2 tasse	tomates épépinées et hachées finement	375 ml
2 c. à soupe	piments jalapeños hachés	30 ml
1 c. à thé	cumin moulu	5 ml
3 c. à soupe	coriandre fraîche hachée	45 ml
3 c. à soupe	huile d'olive	45 ml
1 c. à thé	sel de mer	5 ml

MODE DE PRÉPARATION

1. Mettre l'oignon haché dans un bol.

2. Couper les avocats en deux. Retirer le noyau. Retirer la chair avec une cuillère, et couper la chair en petits cubes.

3. Ajouter les cubes d'avocat aux oignons. Arroser de jus de lime *ou* de citron. Mélanger délicatement.

4. Ajouter les tomates hachées, le piment haché, le cumin moulu, la coriandre fraîche, l'huile d'olive et le sel de mer. Mélanger délicatement.

5. Servir avec des croustilles tortillas.

TABOULÉ AU SARRASIN

1 tasse	sarrasin cuit (Voir p. 31)	250 ml
1/4 tasse	oignons verts hachés finement	60 ml
1 tasse	tomates épépinées hachées	250 ml
2 tasses	persil italien haché finement	500 ml
1 c. à soupe	menthe fraîche hachée finement	15 ml
3 c. à soupe	huile d'olive	45 ml
2 c. à soupe	jus de citron	30 ml
1 c. à thé	sel de mer	5 ml
1/8 c. à thé	piment de Cayenne	0,5 ml

MODE DE PRÉPARATION

1. Mettre tous les ingrédients dans un bol. Bien mélanger et servir.

2. Pour varier, ajouter une légumineuse ou des haricots.

Les soupes et les potages

CRÈME D'ASPERGES
AU LAIT DE SOYA

1 c. à soupe	beurre	15 ml
3 tasses	asperges nettoyées et coupées en petites rondelles	750 ml
12	pointes d'asperge cuites à la vapeur	12
1 tasse	oignons hachés	250 ml
1 1/2 tasse	céleri haché	375 ml
1 c. à soupe	ail haché	15 ml
1	échalote pelée et hachée	1
1 c. à soupe	farine tout usage non blanchie	15 ml
3 1/2 tasses	lait de soya nature	875 ml
1	feuille de laurier	1
1 c. à soupe	thym frais haché	15 ml
1 1/2 c. à thé	sel de mer	7 ml
1/4 c. à thé	poivre blanc moulu	1 ml
1 c. à soupe	ciboulette hachée	15 ml

MODE DE PRÉPARATION

1. Chauffer le beurre dans un chaudron antiadhésif, à feu moyen-fort.

2. Ajouter les oignons, le céleri, l'ail et l'échalote. Frire quelques minutes.

3. Saupoudrer de farine. Cuire 1 minute en brassant continuellement.

4. À l'aide d'un fouet, incorporer graduellement le lait de soya, en brassant jusqu'à ce que la farine soit bien diluée dans le lait de soya.

5. Ajouter les rondelles d'asperges, la feuille de laurier, le thym, le sel de mer et le poivre blanc. Bien mélanger.

6. Amener à ébullition. Réduire à feu à moyen-doux. Couvrir et cuire 20 minutes.

7. Retirer la feuille de laurier et réduire en purée avec un mélangeur.

8. Servir dans des bols. Garnir de pointes d'asperge cuites à la vapeur et parsemer de ciboulette hachée.

Donne **6** portions

POTAGE AUX LÉGUMES,
AUX COQUILLES DE RIZ ET AU MISO

1 c. à soupe	huile d'olive	15 ml
2 c. à soupe	beurre	30 ml
1 c. à soupe	ail haché	15 ml
1 1/2 tasse	oignons hachés	375 ml
2 1/2 tasses	courge musquée (*butternut*) pelée et coupée en petits cubes	625 ml
2 tasses	pommes de terre pelées et coupées en petits cubes	500 ml
1/2 tasse	poivron rouge coupé en petits cubes	125 ml
10 tasses	bouillon de légumes	2,5 l
1/2 tasse	coquilles de riz brun	125 ml
1 c. à thé	sel de mer	5 ml
1/4 c. à thé	piment de Cayenne	1 ml
3 c. à soupe	miso	45 ml
3 c. à soupe	persil haché *ou* ciboulette hachée	45 ml
3 c. à soupe	fromage parmesan râpé (facultatif)	45 ml

MODE DE PRÉPARATION

1. Chauffer l'huile d'olive et le beurre dans un grand chaudron, à feu moyen-doux.

2. Ajouter l'ail et les oignons. Cuire de 4 à 5 minutes en mélangeant avec une cuillère en bois.

3. Ajouter la courge, les pommes de terre et le poivron. Mélanger. Frire 2 minutes.

4. Ajouter le bouillon de légumes. Mélanger.

5. Couvrir. Cuire 20 minutes.

6. Ajouter les pâtes de riz. Cuire 6 minutes en remuant de temps en temps.

7. Ajouter le sel et le piment de Cayenne. Mélanger.

8. Avec une louche, retirer un peu de bouillon, et y diluer le miso.

9. Ajouter le miso dilué au potage. Mélanger.

10. Retirer du feu. Parsemer de persil haché ou de ciboulette hachée et de fromage parmesan. Servir.

SOUPE AUX CHAMPIGNONS
ET AU SARRASIN

1/2 tasse	sarrasin décortiqué blanc (kasha)	125 ml
2 c. à soupe	huile d'olive *ou* beurre	30 ml
1/2 tasse	oignon haché	125 ml
1 tasse	carottes hachées	250 ml
1 tasse	céleri haché	250 ml
1/2 tasse	poivrons rouges hachés	125 ml
4 tasses	champignons hachés	1 l
1/2 c. à thé	piment de Cayenne	2 ml
4 1/2 tasses	bouillon de légumes	1,25 l
1 c. à soupe	thym séché	15 ml
1/2 c. à thé	cumin en poudre	2 ml
1 c. à thé	sel de mer	5 ml
1	feuille de laurier	1
2 c. à soupe	miso blanc	30 ml
2 c. à soupe	ciboulette *ou* persil haché	30 ml

MODE DE PRÉPARATION

1. Rôtir le sarrasin en brassant de 2 à 3 minutes dans un chaudron, à feu moyen-fort.

2. Retirer du feu. Mettre dans un bol. Réserver.

3. Dans le même chaudron, à feu moyen-fort, chauffer l'huile *ou* le beurre.

4. Ajouter les oignons. Frire en brassant quelques minutes, jusqu'à ce que les oignons soient transparents.

5. Ajouter les carottes, le céleri, les poivrons rouges et les champignons. Frire en brassant de 3 à 4 minutes.

6. Ajouter le piment de Cayenne. Bien mélanger.

7. Réduire à feu moyen-doux. Couvrir et cuire 10 minutes, en brassant de temps en temps.

8. Ajouter le sarrasin rôti (kasha) et le bouillon de légumes. Bien mélanger.

9. Amener à ébullition. Ajouter le thym, la poudre de cumin, le sel de mer et la feuille de laurier.

10. Couvrir à moitié. Laisser mijoter de 10 à 15 minutes.

11. Diluer le miso dans un peu de bouillon. Verser dans la soupe, mélanger. Retirer la feuille de laurier.

12. Parsemer de ciboulette *ou* de persil haché. Servir.

Donne **6** portions

SOUPE AU CRESSON
ET AU MISO

1 1/2 tasse	oignons hachés	375 ml
1/2 tasse	blancs de poireau hachés	125 ml
4 tasses	cresson nettoyé et haché	1 l
3 c. à soupe	beurre	45 ml
3 c. à soupe	farine non blanchie	45 ml
3 tasses	bouillon de légumes	750 ml
1 1/2 tasse	eau	375 ml
2 c. à soupe	miso	30 ml
1/2 c. à thé	sel de mer	2 ml
1/8 c. à thé	poivre blanc *ou* piment de Cayenne	0,5 ml
	crème fraîche	
	ciboulette hachée	

MODE DE PRÉPARATION

1. Chauffer le beurre dans une grande casserole, à feu doux.

2. Ajouter les oignons et les blancs de poireau. Faire revenir de 2 à 3 minutes en remuant.

3. Ajouter le cresson. Cuire 2 minutes.

4. Ajouter la farine. Bien mélanger avec une cuillère en bois.

5. Mouiller graduellement avec le bouillon et l'eau en remuant continuellement, jusqu'à ébullition et épaississement.

6. Couvrir. Cuire 12 minutes à feu doux.

7. Délayer le miso dans 1/4 tasse (60 ml) d'eau chaude.

8. Ajouter le miso délayé à la soupe. Bien mélanger.

9. Retirer du feu. Passer la préparation au robot culinaire en 2 ou 3 étapes.

10. Ajouter le sel et le poivre. Bien mélanger. Verser dans une soupière. Garnir d'une cuillérée de crème fraîche et de ciboulette hachée. Servir.

SOUPE AUX LÉGUMES

1 1/2 c. à soupe	beurre	20 ml
1 c. à soupe	d'huile d'olive	15 ml
1/2 tasse	blancs de poireau nettoyés et hachés	125 ml
1/2 tasse	oignon haché	125 ml
1/2 tasse	céleri coupé en cubes	125 ml
1/2 tasse	carotte coupée en cubes	125 ml
1/2 tasse	navet coupé en cubes	125 ml
1/2 tasse	pomme de terre pelée et coupée en cubes	125 ml
1/2 tasse	haricots verts de 1/2 po (1 cm)	125 ml
2 tasses	jus de tomate	500 ml
4 tasses	bouillon de légumes	1 l
1 c. à thé	sel de mer	5 ml
1/8 c. à thé	poivre moulu	0,5 ml
1 c. à thé	thym frais haché	5 ml
1/2 c. à thé	origan frais haché	2 ml
2 c. à soupe	sauce tamari	30 ml

MODE DE PRÉPARATION

1. Chauffer le beurre et l'huile d'olive dans une grande casserole, à feu moyen.

2. Ajouter le blanc de poireau, l'oignon et le céleri. Cuire 2 minutes, jusqu'à ce que les oignons soient transparents.

3. Ajouter les carottes et le navet. Mélanger et cuire 2 minutes.

4. Ajouter le jus de tomate et le bouillon de légumes.

5. Porter à ébullition. Réduire le feu. Laisser mijoter 15 minutes

6. Ajouter les pommes de terre et les haricots. Cuire 15 minutes.

7. Ajouter tous les assaisonnements. Mélanger. Cuire 5 minutes. Servir.

Variantes : Utilisez les légumes de votre choix.

Donne **4** portions

SOUPE À L'OIGNON
ET AU MISO GRATINÉE

4 tasses	oignons hachés finement	1 l
1/4 tasse	beurre	60 ml
6 tasses	bouillon de légumes	1,5 l
3 c. à soupe	miso blanc	45 ml
4	tranches de pain de campagne	4
1 tasse	fromage gruyère râpé	250 ml
1/2 c. à thé	sel de mer	2 ml
1/4 c. à thé	poivre frais moulu	1 ml

MODE DE PRÉPARATION

1. Faire revenir les oignons dans le beurre, à feu moyen.

2. Cuire de 20 à 25 minutes, en brassant continuellement avec une cuillère en bois, jusqu'à ce que les oignons soient dorés.

3. Ajouter le bouillon de légumes et bien mélanger.

4. Couvrir et cuire 15 minutes.

5. Délayer le miso dans un peu du bouillon de la soupe.

6. Ajouter le miso délayé, le sel et le poivre à la soupe. Bien mélanger.

7. Retirer du feu. Réserver.

8. Préchauffer le four à gril.

9. Dans un grille-pain, griller les 4 tranches de pain. Réserver.

10. Verser la soupe dans des bols allant au four.

11. Déposer une tranche de pain rôti sur la soupe, dans chacun des bols. Recouvrir les tranches de pain de fromage gruyère râpé. Poivrer.

12. Mettre au four de 3 à 4 minutes, jusqu'à ce que le fromage soit fondu et bien doré. Servir.

Les sauces et les marinades

COMPOTE DE PIMENTS

12	piments jalapeños	12
2	tomates moyennes mûres, pelées et épépinées	2
1/2 tasse	oignon haché finement	125 ml
1 tasse	pommes vertes râpées finement	250 ml
1 c. à thé	jus de citron	5 ml
1/2 tasse	vinaigre de vin rouge	125 ml
1/2 tasse	sucre brun	125 ml
1/2 c. à thé	sel de mer	2 ml

MODE DE PRÉPARATION

1. Couper les piments en deux, dans le sens de la longueur. Retirer les pépins.

2. Déposer les piments, côté coupé vers le bas, sur une plaque antiadhésive.

3. Mettre sous le gril. Cuire jusqu'à ce que la peau des piments noircisse.

4. Retirer du four. Envelopper les piments chauds dans des serviettes de papier. Laisser refroidir.

5. Peler et hacher finement. Réserver.

6. Inciser d'une croix la base des tomates. Blanchir 2 minutes à l'eau bouillante.

7. Retirer les tomates. Les plonger immédiatement dans l'eau froide. Égoutter. Peler et hacher finement.

8. Dans une petite casserole, mettre les tomates hachées, les piments hachés, les oignons, les pommes râpées, le jus de citron, le vinaigre, le sucre et le sel de mer. Bien mélanger.

9. Porter à ébullition. Réduire à feu doux. Laisser mijoter 25 minutes.

10. Retirer du feu. Refroidir.

11. Conserver au réfrigérateur, dans un contenant hermétique, de 2 à 3 semaines.

Donne **1 1/4** tasse (300 ml)

MARINADE
AU GINGEMBRE

1/2 tasse	huile d'olive *ou* huile de tournesol	125 ml
1/4 tasse	sauce tamari	60 ml
2 c. à soupe	moutarde à l'ancienne	30 ml
1 c. à soupe	ail haché finement	15 ml
2 c. à soupe	gingembre haché finement	30 ml
1/4 c. à thé	piment de Cayenne *ou* poivre fraîchement moulu	1 ml
1/2 c. à thé	sel de mer	2 ml

MODE DE PRÉPARATION

1. Mettre tous les ingrédients dans un bol. Bien mélanger à l'aide d'un fouet.

2. Cette marinade se marie bien avec le tofu ou le tempeh.

3. Laisser mariner le tofu ou le tempeh en tranches ou en cubes quelques heures.

4. Retirer de la marinade.

5. Frire le tempeh ou le tofu dans une poêle antiadhésive ou rôtir au four à 375 °F (190 °C) de 30 à 40 minutes.

MARINADE
AU YOGOURT ÉPICÉE

1 c. à soupe	ail haché finement	15 ml
1 c. à soupe	gingembre haché finement	15 ml
1 tasse	yogourt nature	250 ml
2 c. à soupe	jus de citron	30 ml
1/4 c. à thé	piment de Cayenne	1 ml
1 c. à thé	cumin moulu	5 ml
1/8 c. à thé	poivre moulu	0,5 ml
1 c. à thé	sel de mer	5 ml
3 c. à soupe	huile de tournesol	45 ml
1/4 c. à thé	poudre de cari	1 ml

MODE DE PRÉPARATION

1. Déposer tous les ingrédients dans le bol d'un mélangeur.

2. Mélanger jusqu'à l'obtention d'une consistance crémeuse.

3. Faire mariner du tofu, du seitan ou du tempeh dans la préparation.

4. Dans une poêle antiadhésive, à feu moyen, cuire de 2 à 3 minutes en remuant.

5. Réduire à feu doux. Laisser mijoter 10 minutes. Servir.

Donne **1 1/4** tasse (300 ml)

MARINADE
À L'ORIENTALE

1/3 tasse	sauce tamari	80 ml
3 c. à soupe	jus de citron	45 ml
1 c. à soupe	sirop d'érable	15 ml
1/2 tasse	huile d'arachide	125 ml
2 c. à soupe	gingembre frais haché	30 ml
2 c. à thé	ail haché	10 ml
1 c. à thé	mélange 5 épices	5 ml
1	feuille de laurier	1
1/2 c. à thé	sel de mer	2 ml
1/4 c. à thé	piment de Cayenne	1 ml

MODE DE PRÉPARATION

1. Mettre tous les ingrédients dans un bol. Bien mélanger avec un fouet.

2. Faire mariner le tofu, le tempeh ou le seitan au réfrigérateur pendant 12 heures.

3. Brasser de temps en temps.

MARINADE
PROVENÇALE

1 c. à soupe	estragon frais haché	15 ml
2 c. à soupe	basilic frais haché	30 ml
2 c. à soupe	thym frais haché	30 ml
1 c. à soupe	romarin frais haché	15 ml
2 c. à soupe	ail haché	30 ml
2/3 tasse	huile d'olive	150 ml
3 c. à soupe	vin blanc sec	45 ml
3 c. à soupe	vinaigre de vin	45 ml
1 c. à thé	sel de mer	5 ml
1/4 c. à thé	poivre moulu	1 ml

MODE DE PRÉPARATION

1. Déposer tous les ingrédients dans le bol d'un mélangeur.

2. Mélanger jusqu'à l'obtention d'une consistance onctueuse.

3. Mariner le tofu, le seitan, le tempeh ou des légumes de votre choix ou utiliser pour parfumer vos sauces tomate, vos soupes, etc.

Donne **2 1/4** tasses (550 ml)

MARINADE
TERIYAKI

1/2 tasse	sauce tamari	125 ml
1/3 tasse	vinaigre de riz	80 ml
1/2 tasse	miel chaud	125 ml
2 c. à soupe	ail haché	30 ml
2 c. à soupe	gingembre frais haché	30 ml
1 c. à thé	poivre de Cayenne	5 ml
1 c. à thé	graines de sésame grillées et moulues	5 ml
1/4 tasse	huile de tournesol	60 ml
2 c. à soupe	oignons verts hachés	30 ml
1 c. à soupe	jus de citron	15 ml

MODE DE PRÉPARATION

1. Mettre tous les ingrédients dans un bol. Bien mélanger avec un fouet.

2. Faire mariner le tofu, le tempeh, le seitan ou les légumes de votre choix.

3. Cuire au four ou sur le barbecue.

SAUCE BÉCHAMEL AUX NOIX
DE CAJOU ET AU LAIT DE SOYA

4 tasses	lait de soya nature	1 l
1 tasse	oignons hachés	250 ml
1 c. à thé	ail haché	5 ml
2 c. à soupe	huile d'olive	30 ml
1 1/2 tasse	noix de cajou blanches non salées, finement broyées	375 ml
1 c. à thé	sel de mer	5 ml
1/4 c. à thé	poivre blanc	1 ml
1/8 c. à thé	muscade moulue	0,5 ml

MODE DE PRÉPARATION

1. Déposer tous les ingrédients dans le bol d'un mélangeur, sauf la muscade moulue.

2. Mélanger jusqu'à consistance crémeuse.

3. Verser dans une casserole et cuire à feu doux 20 minutes, en remuant constamment.

4. Ajouter la muscade, bien mélanger.

5. Servir sur des croquettes ou avec des pâtes en y ajoutant du fromage parmesan.

SAUCE BOLOGNAISE
AU SEITAN HACHÉ

3 c. à soupe	huile d'olive	45 ml
1 1/2 tasse	céleri haché	375 ml
1 tasse	oignon haché	250 ml
1 1/2 tasse	carottes hachées	375 ml
1 1/2 c. à soupe	ail haché	20 ml
3 tasses	seitan haché	750 ml
1/2 tasse	vin rouge sec	125 ml
1 1/2 tasse	bouillon de légumes	375 ml
1/2 tasse	tomates hachées	125 ml
2 c. à soupe	pâte de tomate	30 ml
1 c. à soupe	origan en flocons	15 ml
1 c. à soupe	sel de mer	15 ml
1/4 c. à thé	piment de Cayenne	1 ml
2 c. à soupe	basilic frais ciselé *ou* de persil haché	30 ml
	fromage parmesan	

MODE DE PRÉPARATION

1. Chauffer l'huile dans une grande poêle antiadhésive, à feu moyen-vif.

2. Ajouter les oignons et le céleri. Cuire quelques minutes en brassant, jusqu'à ce que les oignons soient transparents.

3. Ajouter l'ail et les carottes. Cuire quelques minutes.

4. Ajouter le seitan haché, le vin rouge et le bouillon de légumes. Bien mélanger.

5. Réduire à feu moyen et laisser mijoter 15 minutes, en brassant de temps en temps.

6. Ajouter les tomates hachées, la pâte de tomate, l'origan, le sel et le piment de Cayenne . Bien mélanger.

7. Couvrir partiellement. Laisser mijoter à feu moyen-doux, de 30 à 40 minutes, jusqu'à ce que la sauce ait épaissi.

8. Servir avec des pâtes au choix, ajouter du basilic ciselé *ou* du persil haché et du fromage parmesan.

SAUCE BRUNE
AUX OIGNONS ET AU MISO

3 c. à soupe	beurre	45 ml
1 tasse	oignons rouges hachés	250 ml
1 c. à soupe	ail haché	15 ml
2 c. à soupe	farine non blanchie	30 ml
3 1/2 tasses	bouillon de légumes *ou* eau	875 ml
3 c. à soupe	miso	45 ml
1 c. à thé	moutarde à l'ancienne	5 ml
1/8 c. à thé	piment de Cayenne *ou* poivre fraîchement moulu	0,5 ml

MODE DE PRÉPARATION

1. Chauffer le beurre dans une casserole, à feu moyen.

2. Ajouter les oignons et l'ail. Frire 3 minutes en mélangeant avec une cuillère en bois.

3. Incorporer la farine. Bien mélanger. Frire 2 minutes.

4. Ajouter le bouillon de légumes *ou* l'eau graduellement, tout en mélangeant avec un fouet.

5. Porter à ébullition. Réduire à feu doux. Cuire de 2 à 3 minutes, jusqu'à ce que le liquide épaississe.

6. Avec une louche, retirer un peu du bouillon et délayer le miso.

7. Verser dans la sauce. Ajouter la moutarde et le piment de Cayenne et bien mélanger.

8. Servir sur des croquettes, des burgers ou des tranches de tofu grillées.

Note : Vous pouvez ajouter des champignons à cette recette.

Donne **4** à **6** portions

SAUCE MORNAY
AU LAIT DE SOYA

2 c. à soupe	beurre	30 ml
1 1/2 c. à soupe	farine non blanchie	20 ml
1 1/2 tasse	lait de soya chaud	375 ml
1/4 tasse	fromage gruyère râpé	60 ml
1/4 c. à thé	moutarde en poudre	1 ml
1/2 c. à thé	sel de mer	2 ml
1/8 c. à thé	poivre blanc moulu	0,5 ml

MODE DE PRÉPARATION

1. Chauffer le beurre dans une petite casserole antiadhésive, à feu moyen.

2. Ajouter la farine. Cuire 1 à 2 minutes, en mélangeant avec un fouet.

3. Incorporer graduellement le lait de soya chaud, en remuant constamment, jusqu'à ébullition et épaississement.

4. Cuire 1 ou 2 minutes. Retirer du feu.

5. Ajouter le fromage râpé et la moutarde en poudre, en mélangeant jusqu'à ce que le fromage soit fondu.

6. Assaisonner. Bien mélanger.

7. Servir sur une croquette ou un beignet de légumes.

SAUCE TOMATE

2 c. à soupe	huile d'olive	30 ml
1 c. à soupe	ail haché	15 ml
1 1/2 tasse	oignons hachés finement	375 ml
1	feuille de laurier	1
1/2 tasse	vin blanc sec	125 ml
8 tasses	tomates italiennes hachées	2 l
1/3 tasse	pâte de tomate	80 ml
2 c. à soupe	basilic frais ciselé	30 ml
2 c. à thé	origan frais haché	10 ml
1 1/2 c. à thé	sel de mer	7 ml
1/4 c. à thé	piment de Cayenne *ou* poivre moulu	1 ml

MODE DE PRÉPARATION

1. Chauffer l'huile d'olive dans une casserole, à feu moyen.

2. Ajouter l'ail et les oignons. Cuire 3 minutes, en mélangeant jusqu'à ce que les oignons soient transparents.

3. Ajouter le vin blanc. Cuire quelques minutes jusqu'à ce que tout le liquide soit évaporé.

4. Ajouter les tomates et la pâte de tomate. Bien mélanger.

5. Ajouter le basilic, l'origan et le laurier. Bien mélanger.

6. Porter à ébullition.

7. Réduire à feu doux. Laisser mijoter de 15 à 20 minutes.

8. Ajouter le sel et le poivre. Bien mélanger et servir.

VINAIGRETTE
AU TAHINI

3/4 tasse	huile de tournesol	200 ml
2 c. à soupe	vinaigre de riz	30 ml
3 c. à soupe	sauce tamari	45 ml
1/4 c. à thé	poudre d'oignon	1 ml
1 pincée	poudre d'ail	1 pincée
1/2 c. à thé	huile de sésame rôti	2 ml
1/3 tasse	beurre de sésame (tahini)	80 ml
1/2 tasse	eau	125 ml
2 c. à soupe	jus de citron	30 ml
1/8 c. à thé	piment de Cayenne	0,5 ml
1/4 c. à thé	sel de mer	1 ml

MODE DE PRÉPARATION

1. Dans un mélangeur, mettre l'huile de tournesol, le vinaigre de riz, la sauce tamari, la poudre d'oignon, la poudre d'ail, l'huile de sésame et le tahini.

2. Mélanger jusqu'à consistance crémeuse.

3. Ajouter l'eau, le jus de citron, le piment de Cayenne et le sel de mer.

4. Mélanger 1 minute jusqu'à consistance onctueuse.

5. Verser dans un contenant hermétique. Réfrigérer.

6. Servir sur une salade, des légumes vapeur, des croquettes, des beignets de légumes ou des sushis.

Les légumes

AUBERGINES GRATINÉES

1	aubergine tranchée sur la longueur pour donner 8 tranches	1
2 c. à soupe	sel (pour dégorger)	30 ml
3 c. à soupe	huile d'olive	45 ml
1 tasse	oignons hachés finement	250 ml
4 tasses	tomates italiennes pelées et hachées	1 l
3 c. à soupe	basilic frais haché	45 ml
1 c. à thé	sel de mer	5 ml
1 tasse	fromage mozzarella en tranches	250 ml
1/4 tasse	fromage parmesan râpé	60 ml

MODE DE PRÉPARATION

1. Faire dégorger l'aubergine, en saupoudrant 2 c. à soupe de sel (30 ml) de chaque côté des tranches. Laisser reposer 1 heure.

2. Chauffer 1 c. à soupe (15 ml) d'huile d'olive dans une casserole, à feu moyen.

3. Ajouter les oignons. Frire de 2 à 3 minutes en mélangeant jusqu'à ce que les oignons soient transparents.

4. Ajouter les tomates, le basilic et le sel de mer. Bien mélanger.

5. Porter à ébullition. Réduire le feu à doux. Cuire 25 minutes. Réserver.

6. Rincer les tranches d'aubergine. Assécher avec des serviettes en papier.

7. Badigeonner légèrement chaque côté des tranches d'aubergine d'huile d'olive.

8. Faire revenir les tranches d'aubergine dans une poêle antiadhésive, à feu moyen, en tournant fréquemment, jusqu'à ce qu'elles soient bien dorées. Réserver.

9. Étendre une couche de sauce tomate dans un plat huilé allant au four. Étaler ensuite les tranches d'aubergine. Recouvrir du reste de la sauce. Disposer les tranches de fromage et saupoudrer de fromage parmesan râpé.

10. Cuire de 25 à 30 minutes ou jusqu'à ce que le fromage soit doré.

11. Laisser reposer 5 minutes et servir.

BROCOLI À L'AIL
ET AUX PIMENTS

3 tasses	brocoli coupé en petits bouquets	750 ml
3 tasses	eau bouillante	750 ml
1 c. à thé	sel de mer	5 ml
2 c. à soupe	huile d'olive	30 ml
2 c. à soupe	ail émincé	30 ml
1/2 c. à thé	piment rouge en flocons	2 ml
1 c. à soupe	beurre	15 ml
1/4 c. à thé	sel de mer	1 ml
1/8 c. à thé	poivre moulu	0,5 ml
2 c. à soupe	fromage parmesan râpé	30 ml

MODE DE PRÉPARATION

1. Chauffer l'eau et 1 c. à thé (5 ml) de sel dans une casserole.

2. Porter à ébullition.

3. Ajouter le brocoli, cuire 2 minutes. Retirer du feu et égoutter.

4. Plonger immédiatement dans l'eau glacée. Égoutter. Réserver.

5. Chauffer l'huile d'olive sans une poêle antiadhésive, à feu moyen-vif.

6. Ajouter l'ail et le piment broyé. Frire quelques secondes jusqu'à ce que l'ail soit bien doré (non brûlé).

7. Incorporer le brocoli. Frire de 3 à 4 minutes en mélangeant bien.

8. Ajouter le beurre. Frire 2 minutes.

9. Assaisonner. Bien mélanger.

10. Saupoudrer de fromage parmesan et servir.

CHOU-FLEUR AU GRATIN
AVEC LAIT DE SOYA

Chou-fleur

4 tasses	bouquets de chou-fleur	1 l
6 tasses	d'eau	1,5 l
2 c. à thé	sel	10 ml
3 c. à soupe	lait	45 ml

Sauce Béchamel

2 c. à soupe	beurre	30 ml
2 c. à soupe	farine non blanchie	30 ml
1	oignon piqué d'un clou de girofle	1
2 1/2 tasses	lait de soya nature	625 ml
1/2 c. à thé	sel de mer	2 ml
1/8 c. à thé	poivre blanc moulu	0,5 ml
1/4 c. à thé	muscade moulue	1 ml
1/4 tasse	fromage gruyère râpé	60 ml
3 c. à soupe	fromage parmesan râpé	45 ml

MODE DE PRÉPARATION

1. Mettre l'eau dans une casserole. Amener à ébullition.

2. Ajouter le sel, le lait et les bouquets de chou-fleur. Cuire 2 minutes. Égoutter. Plonger immédiatement dans l'eau glacée. Égoutter de nouveau et réserver.

3. Chauffer le beurre dans une casserole, à feu moyen. Ajouter la farine et mélangeant avec un fouet. Cuire 1 minute.

4. Incorporer le lait de soya en mélangeant continuellement avec un fouet.

5. Ajouter l'oignon piqué du clou de girofle, le sel et le poivre. Réduire à feu doux. Cuire de 15 à 20 minutes en mélangeant.

6. Ajouter la muscade et retirer l'oignon.

7. Étaler les bouquets de chou-fleur dans un plat allant au four. Verser la sauce et parsemer de fromage gruyère et de fromage parmesan.

8. Mettre au four à 400 °F (200 °C), sur la grille du haut, jusqu'à ce que le fromage soit grillé. Servir.

CHOU FRISÉ ET CAROTTES
AU SIROP

2 tasses	carottes pelées et coupées en bâtonnets	500 ml
3 tasses	chou frisé (sans le cœur) haché finement	750 ml
2/3 tasse	oignons coupés en lamelles	160 ml
2 c. à soupe	beurre	30 ml
1 c. à soupe	miel	15 ml
2 tasses	bouillon de légumes chaud	500 ml
1/2 c. à thé	sel de mer	2 ml
1/8 c. à thé	piment de Cayenne *ou* poivre moulu	0,5 ml
1/2 c. à thé	thym frais haché	2 ml

MODE DE PRÉPARATION

1. Plonger les carottes dans une casserole d'eau bouillante Cuire 2 minutes.

2. Les égoutter et les plonger immédiatement dans de l'eau glacée. Égoutter de nouveau. Réserver.

3. Chauffer le beurre dans une poêle antiadhésive, à feu moyen.

4. Ajouter les oignons. Frire 1 minute jusqu'à ce que les oignons soient transparents.

5. Incorporer le chou haché et le bouillon de légumes. Couvrir. Cuire 12 minutes.

6. Retirer du feu. Égoutter. Réserver.

7. Mettre le beurre dans la même poêle antiadhésive, à feu doux. Ajouter le miel, les carottes, le sel, le piment de Cayenne et le thym. Bien mélanger. Cuire 1 minute.

8. Ajouter le chou frisé. Bien mélanger. Servir.

HARICOTS VERTS
AUX TOMATES

4 tasses	haricots verts en morceaux de 2 po (5 cm)	1 l
3 c. à soupe	huile d'olive	45 ml
1 tasse	oignons hachés	250 ml
1 tasse	poivrons verts hachés	250 ml
1 tasse	tomates pelées, épépinées et hachées	250 ml
1 c. à soupe	ail haché	15 ml
1 c. à thé	sel de mer	5 ml
1/8 c. à thé	piment de Cayenne *ou* poivre moulu	0,5 ml
3 c. à soupe	olives kalamata hachées	45 ml
1 c. à soupe	câpres hachées	15 ml

MODE DE PRÉPARATION

1. Dans une grande poêle antiadhésive, mettre l'huile d'olive et les oignons.

2. Cuire à feu moyen en brassant, jusqu'à ce que les oignons soient transparents.

3. Ajouter les haricots verts, le poivron vert, les tomates, l'ail, le sel de mer et le piment de Cayenne. Bien mélanger.

4. Cuire en brassant de 3 à 4 minutes.

5. Réduire à feu doux. Couvrir et cuire 10 minutes, jusqu'à ce que les haricots soient tendres.

6. Ajouter les olives et les câpres. Bien mélanger et cuire 1 minute.

   Servir chaud ou froid.

Donne **4** à **6** portions

HARICOTS VERTS
AUX OIGNONS

4 tasses	haricots verts	1 l
1 1/2 tasse	oignons hachés	375 ml
1/4 tasse	beurre	60 ml
1 c. à soupe	vinaigre de vin rouge	15 ml
1 c. à thé	sel de mer	5 ml
1/4 c. à thé	poivre frais moulu	1 ml
2 c. à soupe	persil italien haché	30 ml

MODE DE PRÉPARATION

1. Plonger les haricots verts dans une casserole d'eau bouillante salée. Cuire à découvert de 2 à 3 minutes. Retirer du feu et égoutter. Réserver.

2. Dans une poêle antiadhésive, mettre 3 c. à soupe (45 ml) de beurre et chauffer à feu moyen.

3. Ajouter les oignons hachés, cuire en brassant quelques minutes, jusqu'à ce que les oignons soient dorés.

4. Ajouter les haricots verts et frire en brassant quelques minutes, jusqu'à ce que les haricots soient légèrement colorés.

5. Retirer du feu et verser dans un plat de service. Réserver

6. À feu moyen, dans la même poêle, mettre le vinaigre de vin rouge. Ajouter le sel et le poivre et bien mélanger.

7. Porter à ébullition, retirer du feu. Incorporer 1 c. à soupe (15 ml) de beurre à l'aide d'un fouet.

8. Verser sur les haricots verts, parsemer de persil et servir.

JARDINIÈRE DE LÉGUMES
AU FOUR

8	gousses d'ail pelées	8
3	carottes pelées et coupées en bâtonnets	3
2	poivrons rouges épépinés et coupés en 6	2
1	pomme de terre sucrée en tranches de 1/2 po (1 cm)	1
8	pommes de terre grelots (mini) coupées en 2	8
2	courgettes en tranches de 1/2 po (1 cm)	2
1	petite aubergine en tranches de 1/2 po (1 cm)	1
2 tasses	haricots verts	500 ml
1/4 tasse	huile d'olive	60 ml
1 c. à thé	sel de mer	5 ml
1/2 c. à thé	sel de légumes	2 ml

MODE DE PRÉPARATION

1. Préchauffer le four à 400 °F (200 °C).

2. Couper tous les légumes.

3. Placer tous les légumes dans un grand bol.

4. Mélanger l'huile, le sel et le sel de légumes et verser sur les légumes.

5. Bien mélanger avec les mains, pour recouvrir tous les légumes de l'assaisonnement.

6. Recouvrir une grande tôle à biscuits de papier d'aluminium.

7. Étaler les légumes sur la tôle en les regroupant selon leur variété.

8. Cuire au four pendant 45 minutes, jusqu'à ce que les légumes soient tendres et légèrement caramélisés.

9. Servir chaud ou froid comme plat d'accompagnement.

Donne **4** portions

LÉGUMES RÔTIS
AUX HERBES

2	carottes pelées et coupées en demi-lune de 3 po (7,5 cm) de longueur	2
1	patate sucrée pelée et coupée en rondelles de 1/2 po (1 cm) d'épaisseur	1
24	haricots verts nettoyés entiers	24
12	pommes de terre grelots, nettoyées et coupées en deux	12
1	petite aubergine en rondelles de 1/2 po (1 cm) d'épaisseur	1
1	oignon rouge pelé et coupé en 6 quartiers	1
8	gousses d'ail pelées	8
1 c. à soupe	romarin frais haché	15 ml
1 c. à soupe	thym frais haché	15 ml
3 c. à soupe	huile d'olive	45 ml
1 c. à thé	sel de mer	5 ml
1/8 c. à thé	piment de Cayenne *ou* poivre fraîchement moulu	0,5 ml
2	tomates coupées en deux	2

MODE DE PRÉPARATION

1. Préchauffer le four à 425°F (220°C).

2. Mettre tous les légumes sauf les tomates dans un grand bol.

3. Dans un petit bol, mettre le romarin, le thym, l'huile d'olive, le sel et le piment de Cayenne. Bien mélanger.

4. Badigeonner les morceaux de tomates avec le mélange d'huile.

5. Ajouter le restant du mélange d'huile aux légumes. Bien mélanger.

6. Recouvrir une grande tôle à biscuits de papier d'aluminium.

7. Étaler les légumes et la tomate sur la tôle en les regroupant selon leur variété.

8. Cuire au four pendant 45 minutes jusqu'à ce que les légumes soient légèrement rôtis. Servir.

POÊLÉE DE CHAMPIGNONS
SAUCE AU LAIT DE SOYA

1 c. à soupe	ail haché	15 ml
1/4 tasse	oignon vert (partie blanche)	60 ml
2 c. à soupe	beurre	30 ml
1 c. à soupe	huile d'olive	15 ml
2 tasses	pleurotes hachés	500 ml
2 tasses	champignons café tranchés	500 ml
2 tasses	champignons oysters hachés	500 ml
1 c. à thé	sel de mer	5 ml
1/8 c. à thé	poivre blanc	0,5 ml
1 c. à soupe	farine non blanchie	15 ml
1 tasse	lait de soya nature	250 ml
1/2 tasse	vin blanc sec	125 ml
2 c. à soupe	persil italien haché	30 ml
1 c. à thé	thym frais haché	5 ml

MODE DE PRÉPARATION

1. Chauffer le beurre et l'huile dans une poêle antiadhésive, à feu moyen-doux.

2. Ajouter le blanc d'oignon vert et l'ail et cuire doucement en remuant, jusqu'à ce que l'oignon et l'ail soient transparents.

3. Ajouter les champignons, le sel et le poivre. Frire quelques minutes.

4. Déglacer au vin blanc, en brassant. Continuer la cuisson jusqu'à évaporation complète du vin.

5. Ajouter la farine et mélanger.

6. Incorporer graduellement le lait de soya, en brassant, et réduire à feu doux.

7. Ajouter le persil et le thym. Vérifier l'assaisonnement et servir.

POIVRONS TRICOLORES
AUX OIGNONS ET AUX TOMATES

1/4 tasse	huile d'olive	60 ml
2 c. à soupe	ail haché	30 ml
1 1/2 tasse	oignons coupés en fines lamelles	375 ml
2 tasses	poivrons rouges coupés en lamelles	500 ml
1 tasse	poivrons verts coupés en lamelles	250 ml
1 tasse	poivrons jaunes coupés en lamelles	250 ml
2 tasses	tomates pelées, épépinées et hachées	500 ml
1 tasse	bouillon de légumes	250 ml
1 1/2 c. à thé	sel de mer	7 ml
1/4 c. à thé	poivre moulu	1 ml
3 c. à soupe	basilic frais haché	45 ml
1/2 tasse	persil italien haché	125 ml

MODE DE PRÉPARATION

1. Chauffer l'huile d'olive dans une grande poêle antiadhésive, à feu moyen.

2. Ajouter l'ail et les oignons. Frire 2 minutes jusqu'à ce que les oignons soient transparents.

3. Ajouter les poivrons. Frire en mélangeant 3 minutes jusqu'à ce que les poivrons ramollissent.

4. Ajouter les tomates, le bouillon de légumes, le sel et le poivre. Bien mélanger.

5. Porter à ébullition. Réduire à feu doux. Laisser mijoter 25 minutes en brassant de temps en temps.

6. Ajouter le basilic et le persil. Mélanger. Retirer du feu.

7. Servir chaud ou froid. Arroser d'un filet d'huile d'olive.

RATATOUILLE

3 c. à soupe	huile d'olive	45 ml
1 1/2 tasse	gros oignons pelés et émincés	375 ml
1 tasse	céleri haché	250 ml
1 tasse	poivrons rouges coupés en cubes	250 ml
1 tasse	poivrons verts coupés en cubes	250 ml
3 tasses	tomates pelées, épépinées et coupées en cubes	750 ml
1 tasse	jus de tomate	250 ml
1 1/2 c. à soupe	ail haché	20 ml
3 c. à soupe	persil haché	45 ml
1 c. à soupe + 1 pincée	thym haché	15 ml + 1 pincée
4	feuilles de basilic	4
2	feuilles de laurier	2
1 c. à soupe	sel	15 ml
1/4 c. à thé	poivre	1 ml
2 tasses	courgettes coupées en julienne	500 ml
2 tasses	aubergines pelées et coupées en julienne	500 ml
1/2 tasse	huile d'olive	125 ml

MODE DE PRÉPARATION

1. Dans une casserole, à feu moyen, faire revenir les oignons, le céleri et une pincée de sel dans l'huile.

2. Cuire jusqu'à ce que les oignons et le céleri ramollissent et soient transparents.

3. Ajouter les poivrons rouges et verts. Bien mélanger et cuire 4 minutes, en brassant de temps en temps.

4. Ajouter les tomates et 1/2 c. à thé (2 ml) de sel. Mélanger et cuire 4 minutes.

5. Incorporer le jus de tomate, l'ail, le persil, le thym, le basilic, le laurier et le poivre.

6. Réduire à feu doux. Couvrir et cuire 1/2 heure.

7. Chauffer 1/2 tasse d'huile d'olive dans une poêle antiadhésive, à feu moyen.

8. Ajouter les courgettes et frire 5 minutes. Retirer et égoutter. Réserver.

9. Dans la même poêle, ajouter l'aubergine. Cuire 5 minutes, jusqu'à ce qu'elle soit dorée. Retirer et égoutter.

10. Mélanger les aubergines et les courgettes. Saler, poivrer, ajouter la pincée de thym frais haché et bien mélanger.

11. Verser le mélange d'aubergines et de courgettes dans la casserole de tomates, d'oignons et de poivrons.

12. Couvrir et cuire 15 minutes à feu doux. Servir.

Les plats principaux

AUBERGINES
ET POIS CHICHES AU FOUR

3 c. à soupe	huile d'olive	45 ml
1 c. à soupe	ail haché	15 ml
1/2 tasse	sauce marinara du marché *ou* sauce tomate	125 ml
1 c. à thé	poudre de cumin	5 ml
1 c. à thé	sel de mer	5 ml
1/4 c. à thé	piment de Cayenne	1 ml
1	aubergine coupée en cubes de 1 po (2,5 cm)	1
1 boîte (19 oz)	pois chiches rincés et égouttés	500 ml
1	oignon coupé en cubes	1
1	poivron rouge coupé en cubes	1

MODE DE PRÉPARATION

1. Préchauffer le four à 375 °F (190 °C).

2. Dans un grand bol, mettre l'huile d'olive, l'ail, la sauce marinara *ou* la sauce tomate, la poudre de cumin, le sel et le piment de Cayenne. Bien mélanger.

3. Ajouter l'aubergine, les pois chiches, les oignons et le poivron rouge. Bien mélanger.

4. Verser dans un plat allant au four.

5. Cuire 40 minutes. Mélanger 1 ou 2 fois durant la cuisson.

6. Servir chaud ou froid.

Donne **12** à **16** boulettes

BOULETTES DE RIZ
ET DE SEITAN HACHÉ

1 tasse	riz cuit	250 ml
1 tasse	seitan haché	250 ml
1	œuf légèrement battu	1
1/2 tasse	chapelure	125 ml
1 c. à soupe	persil frais haché	15 ml
1 c. à soupe	noix de pin moulues	15 ml
1 c. à soupe	graines de tournesol moulues	15 ml
1 c. à soupe	romarin frais haché	15 ml
1 c. à soupe	ail haché	15 ml
1 1/2 c. à thé	sel de mer	7 ml
1/4 c. à thé	piment de Cayenne	1 ml
1 c. à soupe	huile d'olive	15 ml

MODE DE PRÉPARATION

1. Mettre le riz, le seitan, l'œuf, la chapelure, le persil, les noix de pin, les graines de tournesol, le romarin, l'ail, le sel et le piment de Cayenne dans un bol. Bien mélanger.

2. Façonner des boulettes. Réserver.

3. Chauffer l'huile d'olive dans une poêle antiadhésive, à feu moyen-vif.

4. Rissoler les boulettes jusqu'à ce qu'elles soient bien dorées.

5. Servir avec la sauce de votre choix.

CARRÉS DE POLENTA
AU FROMAGE ET AUX PIMENTS

1 1/4 tasse	farine tout usage	300 ml
2 c. à thé	levure sèche	10 ml
1 1/2 c. à thé	sel	7 ml
1 1/2 tasse	semoule de maïs (polenta)	375 ml
1 tasse	mélange de cheddar et de gruyère râpé	250 ml
2 c. à soupe	fromage parmesan râpé	30 ml
2 tasses	yogourt nature	500 ml
1/2 tasse	lait ou lait de soya nature	125 ml
2	œufs	2
1/2 tasse	poivron rouge haché	125 ml
1 c. à soupe	piment jalapeño haché	15 ml
1/4 tasse	beurre doux (non salé) fondu	60 ml

MODE DE PRÉPARATION

1. Préchauffer le four à 400 °F (200 °C).

2. Tamiser la farine, la levure et le sel dans un bol.

3. Ajouter la semoule de maïs, le mélange de fromage râpé et le fromage parmesan. Bien mélanger.

4. Dans un autre bol, mettre le yogourt, le lait et les œufs et fouetter.

5 Ajouter le poivron rouge, le piment jalapeño et le beurre fondu. Bien mélanger.

6. Ajouter ce mélange au mélange de farine. Bien mélanger.

7. Verser dans un plat huilé ou antiadhésif, allant au four.

8. Cuire au four de 30 à 35 minutes, jusqu'à ce que la lame d'un couteau, piquée au milieu, en ressorte sèche.

9. Retirer du four. Laisser tiédir de 10 à 15 minutes. Couper en carrés et servir.

Donne **6** crêpes

CRÊPES À LA SEMOULE
DE MAÏS ET AU LAIT DE SOYA

1/2 tasse	farine non blanchie	125 ml
1/2 tasse	semoule de maïs (polenta)	125 ml
1/4 c. à thé	sel de mer	1 ml
1 1/2 tasse	lait de soya nature	375 ml
2 c. à soupe	huile de maïs	30 ml

MODE DE PRÉPARATION

1. Mettre la farine, la semoule de maïs (polenta) et le sel dans un bol. Bien mélanger.

2. Mettre l'huile de maïs, le lait de soya et le mélange de farine dans le mélangeur.

3. Mélanger jusqu'à consistance crémeuse.

4. Chauffer une poêle antiadhésive à feu moyen-vif.

5. Badigeonner la poêle d'un peu d'huile.

6. Verser 1/4 de tasse (60 ml) du mélange à crêpes.

7. Cuire de 2 à 3 minutes, tourner et cuire l'autre côté 1 à 2 minutes.

8. Retirer de la poêle et placer dans une assiette préalablement chauffée au four.

9. Servir avec une ratatouille ou des avocats farcis de salsa et de crème sure.

couscous
AUX LÉGUMES

1 tasse	oignon haché	250 ml
2 c. à soupe	huile d'olive	30 ml
1 c. à thé	curcuma	5 ml
1/2 c. à thé	piment de Cayenne	2 ml
1/2 c. à thé	cumin en poudre	2 ml
1 c. à soupe	gingembre frais râpé	15 ml
1	bâton de cannelle	1
1 1/2 tasse	carottes pelées et coupées en cubes de 1 po (2,5 cm)	375 ml
1 tasse	rabiole *ou* rutabaga nettoyé coupé en cubes de 1 po (2,5 cm)	250 ml
1 1/2 tasse	bouillon de légumes	375 ml
1 1/2 c. à thé	sel de mer	7 ml
2 tasses	courge musquée (*butternut*) coupée en cubes de 1 po (2,5 cm)	500 ml
2 tasses	chou-fleur en petits bouquets	500 ml
1 tasse	courgettes coupées en rondelles de 1/2 po (1 cm)	250 ml
2 1/2 tasses	pois chiches en boîte rincés et égouttés	625 ml
1	filament de safran	1
3 c. à soupe	coriandre fraîche hachée	45 ml
2 1/2 tasses	couscous	625 ml
2 tasses	eau bouillante	500 ml
1/2 c. à thé	sel de mer	2 ml
2 c. à soupe	huile d'olive	30 ml
2 c. à soupe	beurre mou	30 ml

MODE DE PRÉPARATION

1. Chauffer l'huile d'olive dans une grande casserole, à feu moyen.

2. Cuire les oignons 3 minutes en mélangeant avec une cuillère en bois.

3. Ajouter le curcuma, le piment de Cayenne, le cumin et le gingembre. Cuire 1 ou 2 minutes.

4. Ajouter le bâton de cannelle, les carottes, la rabiole, le bouillon de légumes et le sel. Bien mélanger.

5. Couvrir et amener à ébullition. Réduire à feu doux. Cuire 6 minutes.

6. Incorporer la courge, le chou-fleur et les courgettes. Bien mélanger. Cuire 8 minutes.

7. Ajouter les pois chiches et mélanger. Cuire 2 minutes.

8. Assaisonner de safran et de coriandre. Mélanger. Retirer du feu. Réserver.

9. Dans un bol supportant la chaleur, mettre le couscous et verser l'eau bouillante salée. Couvrir immédiatement d'une pellicule de plastique. Laisser gonfler 5 minutes.

10. Retirer la pellicule de plastique. Ajouter 2 c. à soupe (30 ml) d'huile d'olive et le beurre. Bien mélanger avec une fourchette.

11. Déposer un lit de couscous dans chaque assiette. Garnir du mélange de légumes et parsemer de coriandre hachée. Servir immédiatement.

CASSEROLE DE PURÉE
DE POMMES DE TERRE ET DE SEITAN

5	pommes de terre moyennes pelées et coupées en quatre	5
2 tasses	céleri-rave coupé en cubes	500 ml
3 c. à soupe	huile d'olive	45 ml
1 1/2 tasse	oignon haché	375 ml
1 c. à soupe	ail haché	15 ml
3 tasses	seitan haché	750 ml
1 boîte (19 oz)	tomates broyées	500 ml
1/2 tasse	bouillon de légumes	125 ml
1 c. à soupe	thym frais haché	15 ml
1 c. à soupe	origan séché	15 ml
1	feuille de laurier	1
1 c. à thé	sel de mer	5 ml
1 c. à soupe	sauce tamari	15 ml
1/4 c. à thé	poivre moulu	1 ml
1/2 tasse	lait de soya nature *ou* lait de riz nature	125 ml
1 c. à soupe	beurre	15 ml
1/2 tasse	fromage parmesan râpé	125 ml

MODE DE PRÉPARATION

1. Mettre les pommes de terre et le céleri-rave dans un chaudron. Recouvrir d'eau froide salée.

2. Amener à ébullition, et réduire le feu. Couvrir et cuire 20 minutes, jusqu'à ce que les légumes deviennent tendres.

3. Dans une grande poêle antiadhésive, à feu moyen-chaud, faire revenir les oignons dans l'huile, jusqu'à ce qu'ils deviennent dorés.

4. Ajouter l'ail et le seitan haché. Mélanger et frire quelques minutes.

5. Ajouter les tomates, le bouillon de légumes, le thym, l'origan, la feuille de laurier, le sel de mer, la sauce tamari et le poivre moulu. Bien mélanger.

6. Réduire à feu moyen-doux. Cuire 25 minutes.

7. Quand les pommes de terre et le céleri-rave sont cuits, égoutter et ajouter le lait de soya, le beurre, du sel et du poivre au goût et réduire en purée. Réserver.

8. Retirer la feuille de laurier de la sauce.

9. Verser dans un plat allant au four. Recouvrir de la purée de pommes de terre et saupoudrer de fromage parmesan.

10. Cuire au four pendant 15 minutes.

11. Cuire 2 minutes sous le gril pour dorer le dessus.

12. Laisser reposer de 10 à 15 minutes avant de servir.

CROQUETTES DE NOIX
ET DE LÉGUMES

1 1/2 tasse	graines de tournesol moulues	375 ml
1/2 tasse	noix de Grenoble moulues	125 ml
2 tasses	carottes pelées et râpées finement	500 ml
1/4 tasse	oignon rouge haché finement	60 ml
2 c. à soupe	persil haché finement	30 ml
1 c. à thé	thym frais haché	5 ml
1 tasse	chapelure	250 ml
1 c. à thé	sel de mer	5 ml
2 c. à soupe	sauce tamari	30 ml
1/8 c. à thé	piment de Cayenne	0,5 ml
1/4 tasse	riz cuit *ou* autre céréale	60 ml
3 c. à soupe	farine	45 ml
	huile pour friture	

MODE DE PRÉPARATION

1. Mettre tous les ingrédients dans un bol. Bien mélanger.
   Si trop humide, ajouter un peu de chapelure.

2. Former des croquettes de 2 à 3 po (5 à 7,5 cm) de diamètre et les enfariner.

3. Chauffer un peu d'huile dans une poêle antiadhésive, à feu moyen.

4. Ajouter les croquettes. Les frire 4 minutes de chaque côté, jusqu'à ce qu'elles soient dorées.

5. Retirer de la poêle.

6. Servir avec une sauce tomate ou comme croquette dans un burger.

Donne **4** portions

HARICOTS BLANCS AU FROMAGE ET AU BASILIC

1 boîte (19 oz.)	fèves cannellini *ou* haricots blancs, rincés et égouttés	500 ml
1/2 tasse	bouillon de légumes	125 ml
2 c. à soupe	huile d'olive	30 ml
1 c. à thé	sel de mer	5 ml
1/2 c. à thé	ail haché	2 ml
1/4 c. à thé	piment de Cayenne	1 ml
2 c. à soupe	basilic frais ciselé	30 ml
1/4 tasse	fromage parmesan *ou* fromage gruyère râpé	60 ml

MODE DE PRÉPARATION

1. Préchauffer le four à 425 °F (220 °C).

2. Dans un grand bol, mettre les haricots et le bouillon de légumes.

3. Écraser les haricots contre les parois du bol avec le dos d'une cuillère en bois.

4. Ajouter l'huile, le sel, l'ail et le piment de Cayenne. Bien mélanger.

5. Verser dans un plat huilé allant au four.

6. Parsemer de basilic ciselé. Saupoudrer de parmesan *ou* de gruyère râpé.

7. Cuire 20 minutes ou jusqu'à ce que le fromage soit fondu et ait pris une teinte dorée. Servir immédiatement.

Note : Le bouillon de légumes peut être remplacé par des tomates en purée.

HARICOTS DE LIMA
ET LÉGUMES AU FOUR

2 tasses	haricots de Lima rincés et égouttés	500 ml
3 c. à soupe	huile d'olive	45 ml
2 c. à soupe	ail haché	30 ml
2 tasses	oignons coupés en tranches minces	500 ml
1 tasse	carottes coupées en rondelles	250 ml
2	branches de thym	2
1/8 c. à thé	poivre	0,5 ml
1	feuille de laurier	1
1 boîte (19 oz)	tomates en dés	500 ml
1 c. à soupe	sel de mer	15 ml

MODE DE PRÉPARATION

1. Mettre les haricots de Lima dans un grand chaudron. Recouvrir d'eau froide. Amener à ébullition et laisser bouillir 2 minutes. Égoutter.

2. Dans le même chaudron, remettre les haricots de Lima. Recouvrir à nouveau d'eau froide et amener à ébullition.

3. Réduire à feu moyen. Cuire 25 minutes, en écumant de temps en temps.

4. Retirer du feu. Égoutter. Réserver.

5. Dans une grande poêle antiadhésive, à feu moyen, dans 2 c. à soupe d'huile d'olive, faire revenir l'ail, les oignons et les carottes. Ajouter les branches de thym, le poivre et la feuille de laurier.

6. Cuire 5 minutes, en mélangeant avec une cuillère en bois.

7. Ajouter les fèves de Lima et les tomates. Bien mélanger.

8. Verser dans un plat allant au four. Couvrir.

9. Cuire au four préchauffé à 350 °F (180 °C) 1 heure 15 minutes.

10. Retirer du four. Laisser tiédir de 10 à 15 minutes.

11. Retirer les branche de thym et la feuille de laurier.

12. Saler, poivrer et ajouter 1 c. à soupe (15 ml) d'huile d'olive. Bien mélanger.

13. Servir tiède ou froid. Parsemer de persil haché.

GRATIN DE CHOU-FLEUR
AVEC PÂTES DE RIZ ET LAIT DE SOYA

1 tasse	penne au riz brun *ou* penne réguliers	250 ml
4 tasses	chou-fleur en petits bouquets	1 l
2 c. à soupe	huile d'olive	30 ml
3 tasses	oignons rouges hachés	750 ml
2 c. à soupe	ail haché	30 ml
1/4 tasse	beurre	60 ml
1/4 tasse	farine non blanchie	60 ml
4 tasses	lait de soya nature	1 l
1 tasse	fromage parmesan râpé	250 ml
3 c. à soupe	basilic frais haché	45 ml
1 1/2 c. à thé	sel de mer	7 ml
3 c. à soupe	fromage parmesan râpé (pour gratiner)	45 ml
1/4 c. à thé	paprika	1 ml

MODE DE PRÉPARATION

1. Préchauffer le four à 350 °F (180 °C).

2. Cuire les pâtes à l'eau bouillante salée. Égoutter. Réserver.

3. Cuire le chou-fleur à la vapeur 4 minutes. Réserver dans un bol.

4. Chauffer l'huile d'olive dans une grande poêle antiadhésive, à feu moyen-vif.

5. Ajouter les oignons et l'ail. Frire de 2 à 3 minutes. Verser sur le chou-fleur.

6. Faire fondre le beurre dans une casserole, à feu moyen-doux.

7. Ajouter la farine. Avec un fouet, mélanger la farine avec le beurre, jusqu'à ce que le mélange soit homogène.

8. Incorporer le lait de soya gra- duellement en fouettant conti- nuellement, jusqu'à ce que le mélange bouille et épaississe. Retirer du feu.

9. Ajouter le fromage parmesan, le basilic et le sel. Bien mélanger.

10. Incorporer le chou-fleur, les oignons frits et les pâtes cuites. Mélanger.

11. Verser la préparation dans un grand plat huilé, allant au four.

12. Saupoudrer 3 c. à soupe (45 ml) de fromage parmesan et le paprika.

13. Cuire de 30 à 40 minutes, jusqu'à ce que le fromage devienne doré.

14. Retirer du four. Laisser reposer 10 minutes. Servir.

HARICOTS ROUGES
AUX PIMENTS JALAPEÑOS

2 c. à soupe	huile d'olive	30 ml
2 c. à soupe	ail haché	30 ml
2 c. à soupe	piment jalapeño haché finement	30 ml
1 1/2 tasse	oignon haché	375 ml
1 1/2 tasse	poivrons verts coupés en petits cubes	375 ml
2 1/2 tasses	haricots rouges en boîte, rincés et égouttés	625 ml
2 1/2 tasses	tomates broyées	625 ml
1/2 tasse	salsa à la tomate du marché	125 ml
1 c. à soupe	sucre brun	15 ml
1 1/2 c. à thé	sel de mer	7 ml

MODE DE PRÉPARATION

1. Faire revenir l'ail et le piment jalapeno dans l'huile, dans une casserole antiadhésive, à feu moyen-vif. Cuire 1 minute.

2. Ajouter les oignons. Frire en brassant avec une cuillère en bois, de 3 à 4 minutes.

3. Ajouter le poivron vert, les haricots rouges, les tomates et leur jus, la salsa et le sucre brun. Bien mélanger.

4. Porter à ébullition. Réduire à feu doux. Cuire de 15 à 20 minutes.

5. Ajouter le sel et bien mélanger.

6. Servir avec de la crème sure, du guacamole et un bon riz.

NOUILLES
DE SARRASIN (SOBA)
AUX LÉGUMES ET AU PARMESAN

1 lb	pâtes de sarrasin (SOBA)	454 g
2 1/2 tasses	bettes à carde nettoyées et hachées	625 ml
2 1/2 tasses	rapini nettoyés et hachés	625 ml
1/2 tasse	bouillon de légumes	125 ml
1 c. à thé	ail haché	5 ml
2 c. à soupe	beurre	30 ml
1 c. à soupe	huile d'olive	15 ml
1 c. à thé	sel de mer	5 ml
1/8 c. à thé	poivre fraîchement moulu	0,5 ml
3 c. à soupe	fromage parmesan râpé	45 ml
2 c. à soupe	persil haché	30 ml

MODE DE PRÉPARATION

1. Cuire les pâtes dans de l'eau bouillante salée (suivre les instructions sur la boîte).

2. Dans une grande poêle antiadhésive mettre la bette à carde, le rapini, l'ail haché et le bouillon de légumes.

3. Couvrir et cuire 5 minutes.

4. Retirer le surplus de liquide.

5. Ajouter le beurre, l'huile d'olive, le sel et le poivre. Bien mélanger.

6. Frire de 4 à 5 minutes. Retirer du feu. Réserver.

7. Mettre les pâtes dans un bol, avec un peu d'huile d'olive, le parmesan râpé et le mélange de bettes à carde et de rapini. Bien mélanger avec deux fourchettes.

8. Servir parsemé de persil haché.

HARICOTS BLANCS
AUX LÉGUMES AVEC BOUQUET GARNI

1 lb	haricots blancs	454 g
1	oignon moyen pelé et entier	1
1	clou de girofle	1
2	gousses d'ail entières	2
1	carotte pelée entière	1

Bouquet garni :

1	branche de thym	1
1	feuille de laurier	1
2	tiges de persil	2

Légumes :

5 c. à soupe	beurre	75 ml
1/4 tasse	blanc de poireau haché	60 ml
1/4 tasse	céleri haché	60 ml
1	oignon haché	1
1 c. à thé	sel	5 ml
1/4 c. à thé	poivre frais moulu	1 ml
2	tomates blanchies, pelées, épépinées et hachées	2
1	gousse d'ail hachée	1
2 c. à soupe	persil italien haché	30 ml

1. Lavez les haricots secs.

2. Mettre dans un grand chaudron. Couvrir d'eau froide et amener à ébullition. Laisser bouillir 2 minutes et égoutter.

3. Dans le même grand chaudron, remettre les haricots blancs. Recouvrir d'eau froide.

4. Amener à ébullition à feu moyen. Réduire à feu doux et cuire 15 minutes en écumant de temps en temps.

5. Piquer le clou de girofle dans l'oignon entier.

6. Ajouter l'oignon entier, la carotte, 2 gousses d'ail et le bouquet garni.

7. Couvrir et cuire doucement 1 3/4 heure en ajoutant un peu d'eau bouillante, si nécessaire, pour maintenir le niveau d'eau en cours de cuisson.

8. Dans une poêle antiadhésive, à feu doux, mettre 3 c. à soupe (45 ml) de beurre. Faire revenir le blanc de poireau, le céleri et l'oignon. Assaisonner. Cuire 7 minutes en mélangeant.

9. Ajouter les tomates et l'ail. Cuire 5 minutes. Retirer du feu. Réserver.

10. Retirer l'oignon entier, la carotte, les 2 gousses d'ail et le bouquet garni des haricots.

11. Égoutter les haricots, en conservant 1 tasse (250 ml) du bouillon de cuisson.

12. Ajouter le mélange de légumes, la tasse de bouillon et 2 c. à soupe (30 ml) de beurre aux haricots. Bien mélanger.

13. Rectifier l'assaisonnement. Servir dans un plat de service et parsemer de persil haché.

PÂTÉ CHINOIS AU SARRASIN
ET AUX LENTILLES ROUGES

1 c. à soupe	huile d'olive *ou* beurre	15 ml
2 c. à thé	ail haché	10 ml
1 tasse	oignon haché	250 ml
1 c. à thé	origan haché	5 ml
1/2 tasse	sarrasin lavé et égoutté	125 ml
1/2 tasse	lentilles rouges lavées et égouttées	125 ml
3 tasses	eau *ou* bouillon de légumes	750 ml
3 c. à soupe	sauce tamari	45 ml
1/2 c. à thé	sel de mer	2 ml
1/8 c. à thé	poivre moulu	0,5 ml
1/2 c. à thé	cumin moulu	2 ml
1 1/2 tasse	crème de maïs en boîte	375 ml
4 tasses	purée de pommes de terre	1 l
1/2 tasse	fromage cheddar râpé (facultatif)	125 ml
1/2 c. à thé	paprika	2 ml

MODE DE PRÉPARATION

1. Préchauffer le four à 350 °F (180 °C).

2. Chauffer l'huile d'olive *ou* le beurre dans une casserole, à feu moyen.

3. Ajouter l'ail et les oignons. Frire en mélangeant de 3 à 4 minutes.

4. Ajouter l'origan, le sarrasin et les lentilles. Cuire 2 minutes en mélangeant avec une cuillère en bois.

5. Ajouter l'eau *ou* le bouillon de légumes, la sauce tamari, le sel, le poivre et le cumin. Bien mélanger.

6. Porter à ébullition. Réduire à feu doux. Couvrir à demi et cuire 15 minutes.

7. Mettre le mélange de sarrasin dans un plat allant au four. Bien étaler.

8. Ajouter le maïs en crème. Bien étaler.

9. Incorporer la purée de pommes de terre. Bien étaler.

10. Parsemer de fromage cheddar râpé (facultatif).

11. Saupoudrer de paprika.

12. Cuire 30 minutes ou jusqu'à ce que le dessus soit doré.

13. Laisser reposer de 10 à 15 minutes avant de servir.

Donne **4** à **6** portions

PÂTES DE SARRASIN
(SOBA) AU PESTO

1 tasse	tomates séchées, marinées dans l'huile d'olive	250 ml
2 c. à soupe	fromage parmesan râpé	30 ml
2 c. à soupe	noix de pin	30 ml
2 c. à soupe	basilic frais haché	30 ml
1 c. à thé	sel de mer	5 ml
1/4 c. à thé	piment de Cayenne	1 ml
1/4 tasse	huile d'olive	60 ml
1 lb	pâtes de sarrasin (SOBA)	450 g
1 tasse	pointes d'asperge hachées	250 ml
1 tasse	tomates cerises coupées en deux	250 ml

MODE DE PRÉPARATION

1. Égoutter les tomates séchées.

2. Dans le bol du mélangeur, mettre les tomates séchées, le fromage parmesan, les noix de pin, le basilic, le sel de mer et le piment de Cayenne.

3. Mélanger en versant l'huile d'olive graduellement jusqu'à l'obtention d'un mélange crémeux. Réserver.

4. Cuire les pâtes à l'eau bouillante salée. Bien égoutter.

5. Déposez les pâtes cuites dans un plat de service.

6. Verser le pesto sur les pâtes chaudes. Bien mélanger.

7. Cuire les pointes d'asperges 2 minutes dans un peu d'eau bouillante. Bien égoutter.

8. Ajouter les pointes d'asperges cuites et les tomates cerises aux pâtes. Bien mélanger et servir.

PETITS PAINS DE SEMOULE
DE MAÏS ET DE LAIT DE SOYA

1 tasse	farine non blanchie	250 ml
1 c. à soupe	poudre à pâte	15 ml
1/2 c. à thé	sel de mer	2 ml
1 tasse	semoule de maïs (polenta)	250 ml
1 c. à soupe	miel	15 ml
1	œuf battu légèrement	1
3 c. à soupe	huile de maïs *ou* de tournesol	45 ml
2/3 tasse	lait de soya nature	160 ml
1/4 tasse	poivron rouge haché	60 ml
2 c. à soupe	persil haché	30 ml
1 boîte (19 oz)	maïs en grains égoutté	340 ml

MODE DE PRÉPARATION

1. Préchauffer le four à 400 °F (200 °C)

2. Tamiser la farine, la poudre à pâte et le sel dans un bol.

3. Ajouter la semoule de maïs (polenta) et bien mélanger à l'aide d'un fouet.

4. Dans un autre bol, mettre le miel, l'œuf, l'huile et le lait de soya. Bien mélanger en fouettant.

5. Verser le mélange liquide dans le mélange sec. Bien mélanger avec une fourchette.

6. Ajouter le poivron rouge, le persil et le maïs. Bien mélanger.

7. Remplir des moules à muffin huilés au 2/3.

8. Cuire de 25 à 30 minutes, jusqu'à ce que les muffins deviennent dorés.

9. Retirer du four. Refroidir 5 minutes. Démouler.

10. Servir avec une bonne soupe.

Donne **6** gros ou **12** petits pains

PETITS PAINS
À LA PATATE SUCRÉE
ET AUX CAROTTES

2 tasses	farine non blanchie	500 ml
1/8 c. à thé	sel de mer	0,5 ml
1 c. à soupe	levure chimique	15 ml
1 c. à soupe	poudre de cari	15 ml
1/8 c. à thé	piment de Cayenne	0,5 ml
1 tasse	carottes râpées finement	250 ml
1/2 tasse	patate sucrée râpée finement	125 ml
1/2 tasse	fromage cheddar râpé	125 ml
1/4 tasse	beurre fondu	60 ml
1	œuf légèrement battu	1
2/3 tasse	lait	160 ml

MODE DE PRÉPARATION

1. Préchauffer le four à 350 °F (180 °C).

2. Tamiser la farine, le sel, la levure, la poudre de cari et le piment de Cayenne dans un bol.

3. Ajouter les carottes, la patate sucrée et le fromage. Bien mélanger avec une spatule. Faire un puits au centre

4. Ajouter le beurre fondu, l'œuf légèrement battu et le lait.

5. Avec une cuillère en bois, mélanger délicatement sans trop travailler la pâte.

6. Verser dans les moules à muffins antiadhésifs et remplir aux trois quarts.

7. Cuire au four de 25 à 30 minutes ou jusqu'à ce que les petits pains soient dorés.

8. Retirer du four. Laisser reposer 5 minutes.

9. Démouler et laisser tiédir sur une grille. Servir.

PETITS PAINS
AUX COURGETTES,
CAROTTES ET LAIT DE RIZ

2 tasses	courgettes râpées	500 ml
2 tasses	carottes pelées et râpées	500 ml
2 tasses	farine non blanchie	500 ml
1 c. à soupe	levure chimique	15 ml
1/8 c. à thé	sel de mer	0,5 ml
1 c. à thé	cannelle moulue	5 ml
1/2 c. à thé	muscade moulue	2 ml
1/4 tasse	pacanes concassées	60 ml
2	œufs	2
1 tasse	lait de riz nature ou de soya	250 ml
1/4 tasse	beurre fondu	60 ml

MODE DE PRÉPARATION

1. Préchauffer le four à 400 °F (200 °C).

2. Dans un bol, tamiser la farine, la levure, le sel, la cannelle et la muscade. Bien mélanger.

3. Dans un autre bol, mettre les œufs, le lait de riz et le beurre fondu et fouetter.

4. Faire un puits au centre du mélange d'ingrédients secs.

5. Ajouter le mélange d'œufs et les légumes râpés.

6. Avec une spatule, bien mélanger sans trop travailler la pâte.

7. Remplir à moitié des moules à muffins antiadhésifs huilés.

8. Mettre au four. Cuire 25 minutes ou jusqu'à ce que les petits pains soient dorés.

9. Laisser reposer 5 minutes.

10. Démouler et déposer sur une grille. Laisser tiédir quelques minutes. Servir.

Donne **4** portions

PILAF **DE** BULGUR
ET DE LÉGUMES

1 c. à soupe	beurre	15 ml
1 c. à soupe	huile d'olive	15 ml
1 tasse	oignons hachés finement	250 ml
1 tasse	carottes hachées finement	250 ml
1 tasse	céleri haché finement	250 ml
1/2 tasse	bulgur	125 ml
1 1/2 tasse	bouillon de légumes	375 ml
1 c. à thé	sel de mer	5 ml
1/8 c. à thé	piment de Cayenne	0,5 ml
2 c. à soupe	persil haché	30 ml

MODE DE PRÉPARATION

1. Chauffer le beurre et l'huile d'olive dans une grande poêle antiadhésive, à feu moyen-vif.

2. Faire revenir les oignons, les carottes et le céleri. Cuire 5 minutes, en mélangeant de temps en temps.

3. Ajouter le bulgur. Mélanger et frire de 3 à 4 minutes.

4. Ajouter le bouillon de légumes, le sel de mer et le piment de Cayenne. Mélanger.

5. Réduire à feu doux. Couvrir et cuire 15 minutes.

6. Servir parsemé de persil haché.

Note : Le bulgur peut être remplacé par une autre céréale.

PILAF D'ORGE PERLÉE
AUX CHAMPIGNONS

2 c. à soupe	huile d'olive	15 ml
2 tasses	orge perlée	500 ml
1/4 tasse	échalotes françaises pelées et hachées finement	60 ml
2 tasses	champignons de Paris hachés	500 ml
1/2 tasse	vin rouge sec	125 ml
3 1/2 tasses	bouillon de légumes	875 ml
3 c. à soupe	beurre	45 ml
1/4 tasse	fromage parmesan râpé	60 ml
2 c. à soupe	thym frais haché	30 ml
1 1/2 c. à thé	sel de mer	7 ml
1/8 c. à thé	poivre fraîchement moulu	0,5 ml

MODE DE PRÉPARATION

1. Préchauffer le four à 350 °F (180 °C).

2. Chauffer l'huile d'olive dans une casserole allant au four, à feu moyen.

3. Ajouter l'orge et frire en mélangeant avec une cuillère en bois, pendant 5 minutes.

4. Ajouter les échalotes hachées. Cuire de 2 à 3 minutes en brassant.

5. Ajouter les champignons. Cuire 5 minutes en brassant.

6. Ajouter le vin, et laisser réduire jusqu'à ce que le liquide soit évaporé.

7. Ajouter 1/2 tasse (125 ml) de bouillon de légumes, en mélangeant jusqu'à ce que le liquide soit absorbé.

8. Ajouter le reste du bouillon de légumes et mélanger. Couvrir.

9. Cuire au four pendant 45 minutes.

10. Retirer du four. Incorporer le beurre et le fromage parmesan à l'aide de deux fourchettes en veillant à bien aérer les grains d'orge. Assaisonner.

11. Déposer dans un plat de service.

RISOTTO
AUX CHAMPIGNONS SAUVAGES

4 tasses	bouillon de légumes	1 l
1 tasse	vin blanc	250 ml
1 c. à soupe	huile d'olive	15 ml
2 c. à soupe	beurre	30 ml
2	blancs de poireau hachés	2
2 tasses	champignons sauvages émincés	500 ml
1 tasse	champignons de Paris émincés	250 ml
2 tasses	riz arborio	500 ml
1 c. à soupe	persil haché	15 ml
1/4 tasse	fromage parmesan râpé	60 ml
1 1/2 c. à thé	sel de mer	7 ml
1/4 c. à thé	poivre *ou* piment de Cayenne	1 ml

MODE DE PRÉPARATION

1. Mettre le bouillon de légumes et le vin dans un chaudron. Chauffer et maintenir chaud.

2. Chauffer l'huile d'olive et le beurre dans une grande casserole, à feu moyen.

3. Faire revenir les blancs de poireau. Rissoler de 4 à 5 minutes.

4. Ajouter les champignons sauvages et les champignons de Paris. Faire revenir de 3 à 4 minutes, jusqu'à ce qu'ils deviennent fragrants.

5. Ajouter le riz. Bien mélanger, jusqu'à ce que les grains de riz soient bien enrobés du mélange.

6. Ajouter 1 tasse (250 ml) de bouillon chaud, en brassant avec une cuillère en bois. Remuer jusqu'à ce que le liquide soit presque totalement absorbé et que le mélange présente une texture crémeuse.

7. Incorporer 1 tasse (250 ml) de bouillon chaud en remuant constamment. Brasser de temps en temps, jusqu'à ce que presque tout le liquide soit absorbé.

8. Répéter l'opération, jusqu'à ce que tout le bouillon ait été absorbé par le riz.

9. Ajouter le persil, le fromage parmesan, le sel et le poivre.

10. Bien mélanger. Servir immédiatement.

RIZ BRUN PILAF AUX NOIX
ET CHAMPIGNONS

1 c. à soupe	huile d'olive	15 ml
2 c. à table	beurre	30 ml
1 1/2 tasse	champignons hachés	375 ml
1 tasse	oignon haché	250 ml
1/2 tasse	riz brun lavé	125 ml
3 c. à soupe	avelines hachées	45 ml
1 1/4 tasse	bouillon de légumes	300 ml
1 c. à thé	thym frais haché	5 ml
1 c. à thé	zeste de citron	5 ml
1/2 c. à thé	sel de mer	2 ml
2 c. à soupe	parmesan râpé (facultatif)	30 ml

MODE DE PRÉPARATION

1. Chauffer l'huile d'olive et le beurre dans une poêle antiadhésive, à feu moyen.

2. Ajouter les champignons et les oignons. Cuire 10 minutes, en mélangeant de temps en temps.

3. Ajouter le riz et les noix. Bien mélanger. Cuire de 2 à 3 minutes.

4. Incorporer le bouillon de légumes, le thym, le zeste de citron et le sel.

5. Amener à ébullition.

6. Couvrir et réduire à feu doux. Cuire 45 minutes.

7. Retirer du feu. Laisser reposer 5 minutes.

8. Défaire le riz avec une fourchette et mettre dans un bol de service.

9. Parsemer de parmesan (facultatif) et servir.

Donne **12** sconnes

SCONES
AUX POMMES DE TERRE,
OLIVES ET LAIT DE RIZ

2 tasses	purée de pommes de terre	500 ml
1 tasse	lait de riz nature *ou* lait de soya nature	250 ml
2 tasses	farine	500 ml
1 c. à soupe	levure chimique	15 ml
1/4 c. à thé	sel de mer	1 ml
1/4 tasse	beurre coupé en petits cubes	60 ml
3 c. à soupe	olives noires dénoyautées et hachées	45 ml
1 c. à soupe	romarin frais haché finement	15 ml
1/8 c. à thé	poivre fraîchement moulu	0,5 ml

MODE DE PRÉPARATION

1. Préchauffer le four à 400 °F (200 °C).

2. Dans un bol, tamiser la farine, la levure chimique et le sel.

3. Incorporer le beurre à la farine, travailler avec le bout des doigts, jusqu'à l'obtention d'une texture de gruau.

4. Ajouter les olives, le romarin et le poivre. Mélanger délicatement.

5. Faire un puits au centre du mélange. Ajouter la purée de pommes de terre et le lait de riz.

6. Mélanger avec une spatule, jusqu'à l'obtention d'une pâte souple. Déposer la pâte sur une surface enfarinée et pétrir brièvement.

7. Abaisser la pâte à 3/4 po (2 cm) d'épaisseur.

8. Découper la pâte à l'aide d'un emporte-pièce rond de 2 po (5 cm) de diamètre enfariné (ou la couper en carrés ou en rectangles égaux à l'aide d'un couteau enfariné).

9. Étaler sur une plaque antiadhésive ou huilée. Badigeonner le dessus d'un peu de lait.

10. Cuire au four de 15 à 20 minutes, jusqu'à ce que les scones soient dorés. Servir.

SEITAN HACHÉ
STYLE CUBAIN

3 tasses	seitan haché	750 ml
1 tasse	haricots rouges rincés et égouttés	250 ml
1 tasse	poivron vert haché	250 ml
1/2 tasse	poivron rouge haché	125 ml
1/2 tasse	oignons verts hachés	125 ml
1/2 tasse	olives vertes dénoyautées et hachées	125 ml
1 1/2 tasse	sauce tomate du marché	375 ml
1/4 tasse	raisins de Smyrne	60 ml
2 c. à soupe	câpres égouttées	30 ml
1 c. à soupe	ail haché	15 ml
1 c. à soupe	poudre de cumin	15 ml
1 c. à thé	origan séché	5 ml
3 c. à soupe	huile d'olive	45 ml
1 c. à thé	sel de mer	5 ml
1/4 c. à thé	piment de Cayenne	1 ml

MODE DE PRÉPARATION

1. Mettre tous les ingrédients dans un grand bol. Bien mélanger.

2. Verser ensuite le mélange dans un grand chaudron.

3. Cuire à feu moyen, 30 minutes, en brassant de temps en temps.

4. Rectifier l'assaisonnement au besoin.

5. Servir sur un bon riz.

Donne **4** portions

TOFU BROUILLÉ
AUX ASPERGES

1 c. à soupe	huile d'olive	15 ml
1 c. à thé	ail haché	5 ml
1/2 tasse	oignon rouge haché finement	125 ml
1/2 tasse	champignons de Paris hachés finement	125 ml
1/4 tasse	poivron rouge haché	60 ml
1 tasse	asperges nettoyées et hachées	250 ml
1 c. à thé	sel de mer	5 ml
1/8 c. à thé	piment de Cayenne	0,5 ml
2 c. à soupe	persil haché	30 ml
1 c. à thé	thym frais haché	5 ml
1/2 tasse	eau *ou* bouillon de légumes	125 ml
3 tasses	tofu soyeux mi-ferme égoutté et émietté	750 ml
1 c. à soupe	huile d'olive	15 ml
3 c. à soupe	sauce tamari	45 ml
2 c. à soupe	fromage parmesan râpé	30 ml

MODE DE PRÉPARATION

1. Chauffer l'huile d'olive dans une poêle antiadhésive, à feu moyen.

2. Faire revenir l'ail et les oignons 2 minutes.

3. Ajouter les champignons, le poivron rouge et les asperges. Bien mélanger.

4. Cuire 2 minutes.

5. Incorporer le sel, le piment de Cayenne, le persil et le thym. Bien mélanger.

6. Ajouter l'eau *ou* le bouillon de légumes.

7. Couvrir. Réduire à feu doux. Laisser mijoter de 3 à 4 minutes.

8. Retirer du feu. Réserver.

9. Dans une autre poêle antiadhésive, à feu moyen, mettre 1 c. à soupe (15 ml) d'huile d'olive.

10. Ajouter le tofu émietté et la sauce tamari. Cuire 5 minutes en mélangeant de temps en temps, jusqu'à ce que le liquide soit évaporé.

11. Verser le tofu dans la poêlée de légumes et bien mélanger.

12. Saupoudrer de fromage parme-

TOURTIÈRE DE CÉRÉALES ET DE LÉGUMES

3/4 tasse	millet lavé et égoutté	175 ml
1/4 tasse	riz ou lentilles vertes	60 ml
1	feuille de laurier	1
3 1/2 tasses	eau *ou* bouillon de légumes	875 ml
3 c. à soupe	sauce tamari	45 ml
1/8 c. à thé	piment de Cayenne	0,5 ml
1/2 c. à thé	origan moulu	2 ml
1 c. à thé	cumin moulu	5 ml
1/8 c. à thé	clou de girofle moulu	0,5 ml
1/4 c. à thé	cannelle moulue	1 ml
1/2 c. à thé	sel de mer	2 ml
1 c. à soupe	huile d'olive *ou* huile de tournesol	15 ml
1 c. à thé	ail haché finement	5 ml
1/2 tasse	blanc de poireau haché	125 ml
1/2 tasse	céleri haché	125 ml
1/2 tasse	champignons hachés finement	125 ml
2	abaisses de pâte à tarte	2

MODE DE PRÉPARATION

1. Préchauffer le four à 350 °F (180 °C).

2. Mettre le millet lavé, le riz *ou* les lentilles vertes, la feuille de laurier, l'eau *ou* le bouillon de légumes, la sauce tamari, les épices et le sel de mer dans une casserole. Bien mélanger.

3. Porter à ébullition. Réduire à feu doux. Couvrir à demi et laisser mijoter 25 minutes. Réserver.

4. Chauffer l'huile d'olive dans une poêle antiadhésive, à feu moyen.

5. Faire revenir l'ail, le poireau et le céleri. Cuire de 2 à 3 minutes.

6. Ajouter les champignons. Cuire 2 minutes en mélangeant. Réserver.

7. Mettre le mélange de millet et le mélange d'oignons dans un grand bol. Bien mélanger avec une cuillère en bois.

8. Verser le mélange dans un fond de tarte mi-cuit (préalablement cuit à moitié).

9. Recouvrir d'une abaisse et la badigeonner de beurre.

10. Cuire la tourtière au four 40 minutes ou jusqu'à ce que la croûte soit dorée.

11. Laisser reposer de 5 à 10 minutes avant de servir. Déguster avec un ketchup maison.

Les desserts

BISCUITS AU LAIT
DE SOYA ET AU SÉSAME

1 1/4 tasse	farine de blé à pâtisserie	300 ml
2 c. à soupe	farine de blé à pâtisserie	30 ml
1/2 tasse	farine de sarrasin	125 ml
3 c. à thé	levure chimique	15 ml
1/2 c. à thé	bicarbonate de soude	2 ml
1/2 c. à thé	sel de mer	2 ml
1 c. à soupe	graines de sésame blanc	15 ml
1/3 tasse	beurre coupé en petits cubes	80 ml
3/4 tasse	lait de soya	180 ml
1/4 tasse	sirop d'érable	40 ml
1/2 c. à thé	vanille liquide	2 ml

MODE DE PRÉPARATION

1. Mettre la grille du four au centre et préchauffer à 425 °F (220 °C).

2. Mettre 1 1/4 tasse (300 ml) de farine de blé, la farine de sarrasin, la levure chimique, le bicarbonate de soude, le sel et les graines de sésame dans un grand bol. Bien mélanger.

3. Ajouter le beurre coupé en petits cubes, et l'incorporer au mélange de farine avec une fourchette ou un couteau à pâtisserie.

4. Dans un petit bol, mettre le lait de soya, le sirop d'érable et la vanille. Bien mélanger

5. Verser les ingrédients liquides dans le mélange de farine, et bien mélanger, avec une fourchette, jusqu'à formation d'une boule de pâte.

6. Placer la pâte sur une surface enfarinée.

7. Abaisser la pâte à 3/4 de po (2 cm).

8. Découper la pâte avec un emporte-pièce rond de 2 po (5 cm) de diamètre.

9. Déposer sur une tôle à biscuits à 1 po (2,5 cm) de distance. Cuire au four 14 minutes ou jusqu'à ce que les biscuits soient bien dorés.

10. Servir avec une bonne compote de fruits.

BONBONS
AUX NOIX ÉNERGÉTIQUES

1/3 tasse	beurre d'amande	80 ml
1/3 tasse	beurre d'arachide	80 ml
1/3 tasse	beurre de pomme	80 ml
1/3 tasse	raisins de Smyrne	80 ml
3 c. à soupe	miel *ou* sirop d'érable	45 ml
1/4 tasse	amandes moulues	60 ml
1/2 tasse	lait en poudre	125 ml
1 1/2 tasse	riz soufflé *ou* millet soufflé	375 ml
3 c. à soupe	graines de sésame blanches	45 ml
2 c. à soupe	graines de lin moulues	30 ml
1/2 tasse	flocons de noix de coco	125 ml
1 c. à thé	essence d'orange *ou* au choix	5 ml

MODE DE PRÉPARATION

1. Mettre tous les ingrédients dans un bol. Bien mélanger avec les mains.

2. Couvrir et réfrigérer 1/2 heure.

3. Façonner à la main de petites boules de 1 po (2,5 cm) de diamètre.

4. Rouler les boules dans les graines de sésame *ou* dans les flocons de noix de coco, pour les enrober.

5. Placer dans un contenant hermétique et conserver au réfrigérateur.

BREUVAGE VELOUTÉ
AUX FRUITS ET AU LAIT DE SOYA

2 tasses	yogourt à la vanille	500 ml
1 tasse	lait de soya	250 ml
1/2 tasse	abricots en boîte non sucrés	125 ml
1	banane mûre	1
2 c. à soupe	miel	30 ml
1 pincée	cannelle	1
2-3	gouttes d'extrait de vanille	2-3
1/2 tasse	cubes de glace	125 ml

MODE DE PRÉPARATION

1. Mettre tous les ingrédients dans le mélangeur.

2. Mélanger jusqu'à l'obtention d'une consistance crémeuse.

Note : Vous pouvez utiliser les fruits de votre choix.

Donne **4** à **6** portions

COMPOTE DE FRUITS
AU VIN BLANC

1 1/2 tasse	jus de pomme	375 ml
2/3 tasse	vin blanc	160 ml
1/4 tasse	jus de raisin blanc	60 ml
2 c. à soupe	jus de citron	30 ml
1 c. à thé	extrait de vanille	5 ml
1/2 tasse	pêches séchées hachées	125 ml
2 tasses	pommes pelées et coupées en cubes	500 ml
2 tasses	poires pelées et coupées en cubes	500 ml
2 c. à soupe	beurre	30 ml
4	tiges de menthe fraîche (garniture)	4

MODE DE PRÉPARATION

1. Mettre le jus de pomme, le vin blanc, le jus de raisin, le jus de citron et l'extrait de vanille dans un chaudron. Bien mélanger.

2. Chauffer à feu moyen-doux de 5 à 6 minutes.

3. Ajouter les pêches. Couvrir partiellement et cuire 8 minutes.

4. Ajouter les pommes et les poires. Couvrir partiellement et cuire de 5 à 6 minutes, en brassant de temps en temps.

5. Ajouter le beurre et retirer du feu. Bien mélanger.

6. Garnir chaque portion d'une tige de menthe fraîche.

CARRÉS AUX FRUITS SÉCHÉS

Compote :

1 tasse	figues, équeutées et hachées	250 ml
1/2 tasse	dattes dénoyautées et hachées	125 ml
1/2 tasse	raisins de Smyrne	125 ml
1/2 tasse	pruneaux dénoyautés et hachés	125 ml
2 tasses	jus de pomme	500 ml
1 c. à soupe	jus de citron	15 ml
1/4 c. à thé	cardamome moulue	1 ml
1/4 c. à thé	essence d'orange	1 ml

Mélange sec :

3 tasses	flocons d'avoine	750 ml
1/2 tasse	noix de Grenoble hachées	125 ml
1/2 tasse	farine à pâtisserie	125 ml
1/2 tasse	beurre fondu	125 ml
3 c. à soupe	sirop d'érable	45 ml
3 à 4 gouttes	essence de vanille	3 à 4 gouttes
1/4 c. à thé	cannelle moulue	1 ml
1 pincée	muscade	1 pincée
1 pincée	sel de mer	1 pincée

MODE DE PRÉPARATION

1. Préchauffer le four à 375 °F (190 °C).

2. Mettre tous les ingrédients de la compote dans une casserole.

3. Cuire à feu doux 25 minutes, en brassant de temps en temps.

4. Mettre tous les ingrédients du mélange sec dans un bol. Mélanger avec les mains.

5. Beurrer un plat allant au four. Mettre la moitié du mélange sec et bien presser pour couvrir le fond du plat.

6. Ajouter la compote. Bien l'étaler avec une spatule.

7. Ajouter le reste du mélange sec, en l'étalant uniformément et presser délicatement.

8. Cuire au four de 25 à 30 minutes ou jusqu'à ce que le dessus soit doré.

9. Laisser refroidir avant de couper en carrés.

CRÈME DE NOIX DE CAJOU
ET DE LAIT DE SOYA

1 tasse	noix de cajou blanches non salées	250 ml
1 tasse	dattes dénoyautées	250 ml
1 tasse	lait de soya à la vanille	250 ml
2 c. à soupe	sirop d'érable	30 ml

MODE DE PRÉPARATION

1. Mettre tous les ingrédients dans le mélangeur.

2. Mélanger jusqu'à consistance crémeuse.

3. Servir comme crème fouettée, sur des muffins, des crêpes, etc.

CRÈME AU BEURRE DE SÉSAME
(TAHINI)

3 c. à soupe	beurre de sésame (tahini)	45 ml
3 c. à soupe	beurre de pomme	45 ml
1/3 tasse	fromage à la crème	80 ml
1/2 tasse	yogourt	125 ml
1/4 c. à thé	essence de vanille	1 ml

MODE DE PRÉPARATION

1. Mettre tous les ingrédients dans un mélangeur.

2. Mélanger jusqu'à l'obtention d'une consistance crémeuse.

3. Servir avec une crêpe, un muffin ou des fruits frais.

CRÊPES AU SARRASIN
ET AU LAIT DE SOYA

1/2 tasse	farine de sarrasin	125 ml
1/2 tasse	farine d'avoine	125 ml
1 c. à thé	bicarbonate de soude	5 ml
1/2 c. à thé	sel de mer	2 ml
1 tasse	lait de soya	250 ml
1/2 tasse	eau	125 ml
2	œufs	2

MODE DE PRÉPARATION

1. Tamiser la farine de sarrasin, la farine d'avoine, le bicarbonate de soude et le sel dans un bol. Bien mélanger. Faire un puits au centre.

2. Dans un autre bol, mettre le lait de soya, l'eau et les œufs. Bien mélanger avec un fouet.

3. Verser le mélange de lait au centre du mélange de farine et bien mélanger avec un fouet. Laisser reposer 5 minutes.

4. Chauffer une poêle antiadhésive, à feu moyen-vif.

5. Mettre une petite noix de beurre sur une serviette de papier et la passer sur le fond de la poêle pour l'enduire d'une fine couche de beurre.

6. Verser 1/4 tasse (60 ml) du mélange à crêpes. Cuire quelques minutes, jusqu'à la formation de bulles, retourner et cuire 1 minute de l'autre côté, jusqu'à ce que la crêpe soit dorée.

7. Placer les crêpes au four à basse température, jusqu'à ce que toutes les crêpes soient cuites.

8. Servir avec de la compote de fruits ou du sirop d'érable.

Donne **6** portions

GÂTEAU AUX BANANES
ET AU LAIT DE SOYA

5 c. à soupe	beurre mou	150 g
1/2 tasse	sucre brun	125 ml
2	œufs légèrement battus	2
1 c. à thé	essence de vanille	5 ml
4	bananes mûres écrasées	4
1 c. à thé	bicarbonate de soude	5 ml
1/2 tasse	lait de soya	125 ml
2 tasses	farine à pâtisserie	500 ml
1 c. à soupe	levure chimique	15 ml

MODE DE PRÉPARATION

1. Préchauffer le four à 350 °F (180 °C).

2. Mettre le beurre et le sucre dans un bol. Battre au mixeur jusqu'à l'obtention d'un mélange onctueux.

3. En continuant à battre, ajouter graduellement les œufs, l'essence de vanille et les bananes. Réserver.

4. Dans un petit bol, délayer le bicarbonate de soude dans le lait de soya. Réserver.

5. Dans un autre bol, tamiser la farine et la levure chimique. Bien mélanger.

6. À l'aide d'une spatule, incorporer graduellement la farine et le lait de soya au mélange de bananes.

7. Verser la préparation dans un moule rond antiadhésif, beurré et recouvert de papier sulfurisé.

8. Égaliser la surface de la préparation.

9. Cuire 60 minutes, ou jusqu'à ce qu'un cure-dent inséré au centre du gâteau en ressorte sec.

10. Laisser reposer 10 minutes avant de démouler et placer sur une grille pour refroidir. Servir.

GELÉE AUX FRUITS
À L'AGAR-AGAR

2 tasses	jus de pomme	500 ml
2 tasses	jus de pêche	500 ml
1/2 tasse	pommes coupées en petits cubes	125 ml
1/2 tasse	fraises coupées en tranches	125 ml
1/2 tasse	pêches en boîte en petits quartiers	125 ml
1 c. à soupe	sirop d'érable *ou* miel	15 ml
2 c. à soupe	agar-agar en poudre	30 ml

MODE DE PRÉPARATION

1. Mettre les jus, les fruits, le sirop d'érable *ou* le miel dans une casserole.

2. Porter à ébullition. Réduire à feu doux. Cuire 2 minutes.

3. Saupoudrer l'agar-agar graduellement, en mélangeant avec un fouet.

4. Cuire de 2 à 3 minutes.

5. Verser dans des coupes à dessert *ou* dans des plats en pyrex.

6. Laisser refroidir.

7. Mettre au réfrigérateur 1 heure avant de servir.

Note : Si vous avez de l'agar-agar en flocons, réduisez-le en poudre dans un moulin à café.

Donne **8** muffins

MUFFINS AUX BLEUETS
ET AU LAIT DE SOYA

2 tasses	farine non blanchie	500 ml
1/4 tasse	farine de sarrasin	60 ml
1 tasse	sucre brun	250 ml
1 c. à soupe	levure chimique	15 ml
1 c. à soupe	zeste de citron	15 ml
1/4 c. à thé	sel de mer	1 ml
1/4 c. à thé	cannelle moulue	1 ml
1/3 tasse	beurre non salé mou	80 ml
2	œufs	2
1 tasse	lait de soya nature *ou* à la vanille	250 ml
1 tasse	bleuets frais ou congelés	250 ml

MODE DE PRÉPARATION

1. Préchauffer le four à 400 °F (200 °C).

2. Tamiser les farines dans un bol.

3. Ajouter le sucre, la levure chimique, le zeste de citron, le sel de mer et la cannelle moulue. Bien mélanger avec un fouet.

4. Dans un autre bol, mettre le beurre, les œufs, le lait de soya et battre avec un fouet.

5. Ajouter les bleuets. Mélanger.

6. Incorporer le mélange liquide au mélange sec, en mélangeant délicatement avec une spatule.

7. Remplir les moules à muffins aux deux tiers.

8. Cuire 25 minutes ou jusqu'à ce qu'un cure-dent inséré au centre en ressorte sec ou propre.

9. Retirer du four. Laisser reposer 5 minutes.

10. Démouler et laisser tiédir sur une grille. Servir.

PAIN ÉPICÉ AUX RAISINS
ET AU LAIT DE SOYA

1 tasse	farine de blé à pâtisserie	250 ml
1 tasse	farine d'avoine	250 ml
1 c. à soupe	levure chimique sans alun	15 ml
1 1/2 c. à thé	piment de la Jamaïque (*allspice*)	7 ml
1/2 c. à thé	cannelle moulue	2 ml
1/4 c. à thé	cardamome moulue	1 ml
	pincée de sel	
1	œuf à la température de la pièce	1
1 tasse	lait de soya léger	250 ml
1/3 tasse	sucre brun	80 ml
2 c. à soupe	beurre fondu	30 ml
1 c. à thé	extrait de vanille	5 ml
1/2 tasse	raisins de Smyrne	125 ml

MODE DE PRÉPARATION

1. Préchauffer le four à 350 °F (180 °C).

2. Mettre la farine de blé à pâtisserie, la farine d'avoine, la levure chimique, le piment de la Jamaïque, la cannelle, la cardamome et le sel dans un grand bol. Bien mélanger. Réserver.

3. Dans un autre bol, mettre l'œuf, le lait de soya, le sucre, le beurre fondu et la vanille. Fouetter pour en faire un mélange homogène.

4. Verser le mélange d'œufs dans le mélange de farine. Mélanger délicatement avec une spatule.

5. Incorporer les raisins en brassant à l'aide d'une spatule.

6. Verser la préparation dans un moule à pain de 8 po x 4 po x 3 po (20 cm x 10 cm x 7 cm) huilé.

7. Cuire au four de 45 à 50 minutes ou jusqu'à qu'un cure-dent inséré au centre en ressorte sec.

8. Laisser reposer 10 minutes. Démouler et placer sur une grille pour tiédir.

9. Servir en tranches avec de la compote ou de la sauce aux fruits.

PUDDING AU CHOCOLAT
ET AU LAIT DE SOYA

2/3 tasse	sucre brun	160 ml
1/4 tasse	cacao en poudre non sucré	60 ml
2 c. à soupe	fécule de maïs	30 ml
2 tasses	lait de soya	500 ml
3 c. à soupe	chocolat mi-amer râpé ou concassé	45 ml
1 c. à thé	extrait de vanille	5 ml

MODE DE PRÉPARATION

1. Mettre le sucre brun, le cacao en poudre et la fécule de maïs dans un petit chaudron antiadhésif. Bien mélanger avec un fouet.

2. Chauffer à feu moyen, ajouter graduellement le lait de soya en fouettant constamment, de 2 à 3 minutes, jusqu'à ce que le mélange épaississe.

3. Retirer du feu. Ajouter le chocolat mi-amer et la vanille. Mélanger jusqu'à ce que le chocolat soit fondu.

4. Verser dans des petits bols. Couvrir d'une pellicule de plastique.

5. Réfrigérer au moins 1 heure avant de servir.

PUDDING AUX DATTES
ET AU LAIT DE SOYA À LA VANILLE

1 tasse	dattes dénoyautées et hachées	250 ml
1 tasse	eau	250 ml
1 c. à thé	bicarbonate de soude	5 ml
1/4 tasse	beurre mou	60 ml
1/2 tasse	sucre en poudre	125 ml
2	œufs légèrement battus	2
1/4 tasse	lait de soya	60 ml
1 c. à thé	extrait de vanille	5 ml
1 c. à soupe	levure chimique	15 ml
1 1/2 tasse	farine tout usage non blanchie	375 ml

MODE DE PRÉPARATION

1. Préchauffer le four à 350 °F (180 °C).

2. Mettre les dattes et l'eau dans une petite casserole. Amener à ébullition et retirer du feu.

3. Ajouter le bicarbonate de soude en mélangeant et laisser refroidir. Réserver.

4. Dans un bol, mettre le beurre et le sucre en poudre. Battre au mixeur jusqu'à l'obtention d'un mélange onctueux.

5. Ajouter graduellement les œufs et le lait de soya en battant constamment.

6. Ajouter l'extrait de vanille. Bien battre. Réserver.

7. Dans un autre bol, mélanger la levure chimique à la farine.

8. À l'aide d'une spatule, incorporer le mélange de farine au mélange de lait de soya. Ajouter les dattes et leur jus, en veillant à ne pas trop travailler la préparation.

9. Verser dans un moule antiadhésif beurré de 8 po x 8 po (20 cm x 20 cm).

10. Cuire au four de 50 à 55 minutes, ou jusqu'à ce qu'un cure-dent piqué au centre du pudding ressorte sec.

11. Laisser reposer 10 minutes. Démouler et placer sur une grille pour tiédir.

12. Servir avec une sauce aux pommes.

PUDDING MOKA
AUX AVELINES RÔTIES

2/3 tasse	sucre brun	160 ml
1/4 tasse	cacao en poudre non sucré	60 ml
2 c. à soupe	fécule de maïs	30 ml
2 tasses	lait de soya à la vanille	500 ml
3 c. à soupe	chocolat mi-amer râpé ou concassé	45 ml
1/4 c. à thé	essence de café	1 ml
1/3 tasse	avelines rôties et moulues	80 ml

MODE DE PRÉPARATION

1. Dans un chaudron moyen, mettre le sucre, le cacao en poudre et la fécule de maïs. Bien mélanger avec un fouet.

2. Chauffer à feu moyen. Ajouter graduellement le lait de soya, en mélangeant continuellement. Cuire de 2 à 3 minutes, jusqu'à ce que le mélange épaississe.

3. Retirer du feu. Ajouter le chocolat mi-amer râpé, l'essence de café et les avelines. Bien mélanger jusqu'à ce que le chocolat soit fondu.

4. Verser dans de petits bols.

5. Couvrir d'une pellicule de plastique.

6. Réfrigérer 1 1/2 heure avant de servir.

INDEX

L'assiette végétarienne gourmande